El poder de las METAS

Cómo transformar tu vida y concretar tus objetivos

Horacio Pelozo

*Estas páginas, en las que he volcado toda mi dedicación
y conocimientos adquiridos mediante la práctica misma de las
propuestas que presento, las dedico a mis lectores en general
para facilitarles las herramientas necesarioas para cumplir
sus objetivos de vida.*

Me ayudarías mucho dejando un comentario.

CONTENIDO

AGRADECIMIENTOS

*Agradezco a mi Ser interno que se mantiene en la busca de
Su propio mejoramiento, al Planeta, que es mi hogar y refugio
Y fundamentalmente estoy agradecido con todos los lectores
Que me acompañan en este camino de crecimiento.*

INTRODUCCIÓN

En este libro vas a encontrar que son las metas, como encontrar y diseñarlas para alcanzar todos tus sueños, que por una u otra cosa se fueron posponiendo y quedando guardadas, fueron muriendo conforme fue pasando el tiempo, ocupándote de las cosas menos importantes y poco relevantes que te consumían todo tu tiempo y energías.

Sin embargo, te ofrecemos una serie de prácticas que harán llevadero el implementar los cambios que necesitas para que puedas llegar a cumplir con todas las metas que te hayas propuesto. No hay límites de edad cuando se trata de crecer en lo personal y llegar a obtener lo que tanto has soñado.

Todos tenemos la capacidad de lograrlo, debes solamente ponerte firme y decidirte a empezar el cambio interior para manifestar en tu vida lo que realmente deseas.

Deberá implementar algunos cambios en tus hábitos y aprender a valora algunas virtudes y habilidades a las que no les dabas importancia y son fundamentales.

Espero que estas letras te ayuden a conseguir las metas que antes dejaste, para sentirte valioso y pleno de éxito.

QUE SON LAS METAS

Las metas son propósitos personales que se fija cada uno como un objetivo a alcanzar en un determinado momento. Son una guía que establece cada uno, de acuerdo a su personalidad. Son las cosas que desea lograr para llegar a aquello que lo hará sentirse satisfecho.

Las metas personales, son las intenciones de obtener algo que puede pertenecer al ámbito de los negocios o del aspecto personal. Pueden estar orientadas a múltiples objetivos, dependiendo de cada persona, porque son lo que desean manifestar en sus vidas.

Proponerse metas es la clave para el éxito en cualquier actividad en la que se quiera llegar al logro de nuestros planes.

En definitiva, el fijar metas a alcanzar es el inicio para convertir en realidad nuestros sueños y ser felices. Esta sensación de satisfacción y el sentimiento de felicidad, de sentirse capaz, completo tiene su punto de partida en una serie de pensamientos que surgen y que si se sigue trabajando en ellos lleva a la planificación detallada y la búsqueda de las cosas que realmente son importantes para cada ser.

El establecernos metas nos da felicidad, nos completa como seres pensantes, porque ese fijar metas nos produce la estabilidad emocional necesaria para buscar conseguir el propósito que deseamos alcanzar y al conseguirlo, la sensación del logro obtenido nos inunda, elevando la autoestima, dándonos confianza en nosotros mismos.

Las metas que se propone cada uno son completamente distinto varían de una persona a otra, porque dependen de sus sentimientos más profundos, sus experiencias, sus deseos y de la decisión real de hacer el esfuerzo de alcanzarlas, aunque signifique tener que cambiar algunos hábitos y algunos aspectos de la vida cotidiana que se están interponiendo en la intención de obtener el fin que nos hemos fijado.

¿Pero cómo fijar nuestras metas? En la Universidad de Harvard se realizó un estudio sobre las metas. Se les preguntó a los alumnos que objetivos se habían fijado y si tenían un plan para llevarlos a cabo. De este estudio surgió que apenas un porcentaje muy bajo tenía escritas sus metas y algunos estudiantes habían escrito el plan de acción para llegar a lograrlas. Algunos años después fueron analizados los resultados y de aquellos estudiantes que tenían las metas escritas, con un plan de acción fijado para obtenerlas, habían logrado en más del 90 % de los casos, llevar a cumplirlas, habían aumentado sus capitales y eran exitosos. Este estudio demuestra la importancia de fijarnos en el que realmente deseamos lograr y comprometernos, llevando a cabo las acciones que seas necesarias para llegar al éxito de cumplir las metas previstas.

Fijar el objetivo, establecer un camino para llegar a él y hacer el esfuerzo que sea necesario es esencial para conseguir nuestras metas. La motivación y el compromiso deben ser constantes y esto se aplica no solo al aspecto empresarial y financiero, sino también al aspecto personal, que es el primero que debemos orientar para tener la fuerza de mantenernos enfocados y la voluntad para llevar adelante nuestros sueños y cumplirlos.

En lo más profundo de nuestro ser, todos tenemos metas que nos hemos fijado a lo largo de la vida, sin embargo, algunas se logran y otras no. Esto puede suceder porque la motivación y la confianza que tenemos para conseguirlas, en algunos casos es más fuerte que el otros.

Por naturaleza el ser humano tiende a pensar que algunas cosas le son imposibles de lograr. Sin embargo, la realidad es que todos, en mayor o menor medida, poseemos el talento y las capacidades que necesitamos para conseguir lo que nos hayamos propuesto.

¿Sin embargo, por qué no logramos todas nuestras metas? Porque empezamos con mucho ímpetu, decidimos que deseamos y nos ponemos en marcha hacia nuestro objetivo, pero en algunos casos empezamos a dudar de la habilidad de lograrlo, en otros no somos capaces de mantenernos enfocados en esa meta que tanto deseamos y en otros no nos creemos hábiles para conseguir llegar a ella.

La duda y los temores se erigen como barreras que nos imponemos nosotros mismos y como creemos que realmente son impedimentos que no nos permitirán obtener nuestro ideal, dejamos de esforzarnos en obtenerlo, hasta que la idea de la meta se disuelve completamente hasta desaparecer.

Aquí radica la importancia de creer en nosotros mismos, desarrollar la autoconfianza y el autocontrol que serán los pilares para llegar a conseguir lo que deseamos.

Determinar efectivamente cual es la meta que perseguimos, planificar las acciones que deberemos llevar a cabo para obtenerlas, poner todo de nuestra parte, los pensamientos, la actitud, la motivación y la voluntad para cambiar lo que nos está deteniendo y conseguir encaminarnos en el sendero óptimo para llegar a nuestra meta.

PARA QUE SIRVE TENER METAS

Cómo establecer los objetivos claros y precisos

Establecernos metas y objetivos nos da un significado y sentido de tener algo deseado a lo que nos dirigimos. Tener sueños que deseamos convertir en realidad nos provee de un impulso invisible pero poderoso que nos guiará a mejorar algunos aspectos de nuestra personalidad, reforzar otros y aprender a ejercer el autocontrol y la voluntad, poniéndolas al servicio de los pensamientos e ideas que van apareciendo para llevar a cabo el plan que se organizó para lograr la meta propuesta. Todo esto trae aparejado el aprender a valorar nuestras capacidades para salir adelante.

Lo principal será fijar cuales son las metas que queremos alcanzar, anota en un cuaderno tus metas, y cuál será el camino que tomarás para llegar a ellas.

Es importante tener en cuenta que metas nos proponemos a corto plazo, a mediano plazo y a largo plazo. Trata de que se vayan encadenando, de tal forma que las metas de corto plazo sean en realidad un escalón más para llegar al objetivo de la meta a largo plazo. Todo debes preveer y organizar. Ya estás decidido sobre lo que deseas obtener y, por lo tanto, toda acción, pensamiento y motivación debe estar orientada como una estrategia que formará parte de la planificación detallada y que definitivamente te llevará a la posibilidad efectiva de conseguir lo que estás deseando.

Las metas a corto plazo, son las que deseas obtener en un período de tiempo corto, ya sean días, semanas o tal vez algunos meses, aunque debemos reconocer que el determinar que un período de tiempo corto dependerá de cada persona, porque todos tenemos distintas acepciones del tiempo, sin embargo, se consideran metas a corto plazo las que pueden lograrse en pocos días hasta un máximo de seis meses.

Las metas a mediano plazo pueden requerir desde unos meses hasta un año, todo dependerá, como percibes el tiempo y también dependerá del esfuerzo que dediques a mantenerte fijo en la idea de obtener ese propósito que te has fijado. Si bien se considera que una meta de mediano plazo puede llevar de varios meses a un año, todo dependerá de tu decisión de mantenerte enfocado y dirigir todas tus energías y tiempo disponible para obtenerla.

Las metas a largo plazo son aquellas de las que eres consciente que llevarán un período de tiempo mayor para cumplirlas, ya sea porque necesitas estudiar, perfeccionarte o modificar algunos hábitos que son los que te están frenando ahora e impiden que puedas lograr el objetivo. Estas metas, son en las que más debes poner tu atención, mantener fija la idea de conseguirlas.

Algunas metas que fijes pueden ser abstractas, como las orientadas al crecimiento personal, también pueden ser concretas como mejorar el aspecto económico y financiero. Eso dependerá de lo que desees alcanzar. Todas las metas tienen consigo la idea de que son para obtenerlas en un momento determinado en el futuro, mañana, el mes que viene o el año que viene, por eso es tan necesario el mantener los pensamientos positivos fijos en la obtención de la o las metas establecidas.

Cada meta es en realidad un sueño que parte de nuestro deseo de mejorar algún aspecto de nuestra vida, que requerirá que tracemos un plan para conseguirla y debes saber desde ya que deberás poner todo tu esfuerzo de voluntad para alcanzar lo que tanto deseas. "No flaquear" es el secreto. La meta debe ser el destino que te has fijado y a donde deseas llegar y no debes permitirte dudar ni detenerte para llegar a ella.

Lo más útil es tomar una libreta o un cuaderno y anotar las metas a corto, mediano y largo plazo que deseas obtener. Trata que cada una de ellas te guíen a las metas a largo plazo, de esa manera estarás preparando el camino de forma adecuada, es un plan de acción infalible, porque siempre mantienes la motivación. Jamás creas que tus metas son irrealizables o que sean meros sueños, en realidad toda meta se puede cumplir, ninguna es utópica. Cada meta de corto y mediano plazo que logras obtener es un paso que te acercará al cumplimento de las de largo plazo y en ese trayecto aprenderás mucho sobre tu talento para afrontar distintas situaciones con donaire, con habilidad, verás que eres capaz de afrontar dificultades y resolverlas satisfactoriamente.

Escribirlas, releerlas al menos una vez al día ayuda a mantenerse enfocado y tenerlas presentes en todo momento. Visualiza la forma en que te sentirás al llegar a cumplir cada meta de corto o largo plazo, por pueriles que te parezcan, y verás que en realidad son un camino ideal para llegar al logro de la meta final a largo plazo. Cuando te plantees las metas, pregúntate que quieres ser, si quieres ser mejor persona, un gran deportista o destacar en los negocios, convertirte en una persona que trasmita tranquilidad y paz a los que los rodean o si quieres ser un gran líder. Estas son metas de corte personal, orientadas principalmente a tu crecimiento como persona y al desarrollo de tu autoestima. Descubrir el propio valor y despertar en cada uno el amor propio, el amor por sí mismo es una de las mejores maneras para emprender este camino.

Ahora debes preguntarte que sueñas hacer, que deseas poder realizar para sentirte pleno y con el poder de llevar adelante lo que te propongas. Pregúntate que deseas tener, las posesiones materiales, en contra de lo que te han inculcado desde siempre, no son malas, al contrario, te dan la tranquilidad de saber que posees lo necesario para llevar una vida sin sobresaltos, llena de tranquilidad y tienes el derecho de poseerlas, son una meta personal que algunos consideran superflua, pero vivimos inmersos en un mundo en lo que predomina el aspecto financiero, por lo que para dedicar tiempo a tu desarrollo personal, también necesitas poseer la comodidad económica que te permita dedicarte a ti mismo. Aprende a conseguir recursos económicos, aprende a competir y conseguir mejorar tu vida financiera sin ser desleal o afectar a otros. El poseer una mejor situación económica también te permitirá ayudar a otros cuando lo necesiten, sin afectarte.

Podrás colaborar en el cumplimiento de los sueños de otros y eso es maravilloso. Si embargo, debes desglosar cuáles son tus metas, crear un plan para alcanzarlas, revisa ese plan a menudo, tal vez debas ir haciendo cambios al ir logrando las metas de corto y mediano plazo, ajústate al itinerario que te has fijado. Mantente alerta para que no salga de tu vista. Esas metas son lo que más deseas lograr y todo tu enfoque debe dirigirse a obtenerlas.

Puedes fijarte metas a corto plazo, de no más de 6 meses que sean el punto de partida para mejorar personalmente las cosas que sabes que debes cambiar para lograr la meta final. Cada objetivo que logres cumplir se sentirá como si hubieras escalado la montaña más alta y en realidad eso has hecho, ya que has superado un obstáculo que te estaba deteniendo.

Los objetivos que vas logrando son metas parciales, que te orientan, le dan sentido a tu vida para dirigirte sin temores a la gran meta fijada. Nos dan un propósito para continuar mejorando nuestra vida. Pero ten en cuenta algo importante, los seres humanos tenemos la tendencia de juzgarnos como poco capaces, somos jueces implacables cuando cometemos un error y nos criticamos internamente al proponernos metas que sean muy altas. Pues en realidad, esas son ideas que hemos absorbido durante la vida y que no son reales. Todo dependerá del esfuerzo y la creencia en ti mismo para lograr tus metas. No fijes metas pequeñas, eres capaz de conseguir ser tan exitoso como te lo propongas, por lo tanto, no limites tus propias metas, fíjate metas altas, eres una persona talentosa y hábil, solo que hasta ahora no has descubierto tu verdadero valor.

¿Cómo puedes fijar de manera correcta tus metas? ¿tienen que ser realistas las metas? ¿qué es realista, en que se basa alguien para suponer que una meta es realista o no? Si bien algunos prefieren avanzar paso a paso, todos somos capaces de lograr lo que los demás considerarían imposible.

Mantenerse positivo, con una mentalidad enfocada en la capacidad de lograr las metas más grandes que nos propongamos es la manera de llegar a cumplirla. Además, no hay metas pequeñas o fáciles, ni tampoco metas imposibles, todo dependerá de la dedicación y la voluntad que pongamos en funcionamiento para el logro de cada una de ellas.

La importancia de fijarnos metas despierta en nosotros el optimismo de sabernos capaces de lograr lo que queramos. Son la clave para el éxito personal ya que nos llegan a conseguir lo que para cada uno son prioridades. También podemos compartirlas con nuestros seres queridos, porque nos dará fuerzas para mantenernos enfocados y no dejar de intentar conseguirlas. Debes ser consciente de que deberás poner en tus metas la esperanza de conseguirlas, centrarte en la dirección específica para llegar a ellas y sacar a relucir tu habilidad para buscar soluciones para mejorar los resultados.

El deseo de superarnos constantemente es la base de sustentación para emprender el camino de lograr las metas. No solo involucra mantener un buen estado mental positivo, sino también cuidar nuestro cuerpo y cambiar ciertos hábitos que nos permitirán salir de la zona de confort en las que nos hemos apoltronado este último tiempo, para poder poner en funcionamiento todos los engranajes, tanto físicos, como mentales, emocionales y sentimentales que desarrollarán y pondrán de manifiesto nuestro valor personal para lograr lo que deseemos.

Todos estos cambios nos ayudarán a mantener el éxito de cada meta alcanzada, porque nos brindan la estabilidad emocional que necesitamos y nos permitirá ampliar también una sana ambición de mejorar dada vez más. No hay límites de edad para proponernos metas. Los límites los fija nuestra mente por las ideas que hemos ido absorbiendo del entorno que nos rodea y que no son reales. Nada puede impedir que nos pongamos metas. Seguramente habrás visto las maravillosas obras de arte que realizan los "Pintores sin manos", que es una asociación que presenta obras de arte de calidad asombrosa, realizada por artistas plásticos que usan sus pies o sus dientes para sostener los pinceles y crear sus obras. No existen límites. Si te has propuesto una meta, debes seguirla y dedicarle todo tu esfuerzo para hacerla realidad.

También ten en cuenta que como dice el refrán "Roma no se construyó en un día", por lo tanto, además de voluntad deberás aprender a ejercer la paciencia, porque algunas cosas, que talvez no de pendan de ti, lleven unos días más. Pero mantente enfocado, dedícale tiempo, disciplina y mantente firme en conseguir las metas que te hayas fijado. Hacer contigo mismo el compromiso interior de mantener la vista fija en lo que te has propuesto. Mantenerte motivado, visualízate con los beneficios que obtendrás al lograr llegar a la meta, usa tu energía interior para mantener la idea, lee con frecuencia tu lista de metas a corto, mediano y largo plazo.

Deberás comenzar un proceso de autoconocimiento y deberás valorar cada logro que obtengas. No lo consideres como algo que pasó y ya, realmente date el mérito que mereces. Trabajas a diario en conseguir tus metas y llegar a cada una de ellas, merece que te digas a ti mismo que lo has logrado y que reconozcas el buen trabajo que has hecho. Lee, investiga como las personas que admiras consiguen llegar al éxito, puede servirte de modelo para amoldar a tu forma de ser las estrategias que ellos han implementado.

Ya has definido tu plan de acción, comienza a ponerlo en práctica, porque debes hacer que sucedan y en eso, tú eres el actor principal. Así que empieza a poner en marcha el mecanismo que te dará la satisfacción del éxito.

COMO TENER DISCIPLINA

Según el diccionario la disciplina es la capacidad que posee el carácter de una persona para controlar los impulsos, en especial los que nos apartan de las metas que nos fijamos.

Has sido testigo de personas que ejercen un fuerte autocontrol y una férrea disciplina y eso los dota de mayor asertividad al momento de obtener las metas que se hayan fijado. La disciplina ejercida en el aspecto físico y emocional, te facilita la posibilidad de llevar una vida estable y más feliz. La mayoría de nuestras actividades se ven influenciadas o impulsadas mediante la disciplina, solo que hasta ahora que lees estas palabras, tal vez no habías prestado atención a lo importante que es la disciplina en tu vida y en todo lo que la aplicas.

La mayoría de nuestras actividades requieren la práctica de la disciplina y lo hacemos a diario, sin prestarle mucha atención. Sin embargo, para lograr tus metas, tal vez debas empezar a ejercer disciplina en algunos aspectos que antes dejabas libres, sin orientación, sin establecerles un orden a seguir.

Aprender a disciplinar las emociones y poner un poco de orden en los sentimientos es el camino para tomar decisiones acertadas, que te lleven a cumplir las metas y a sentirte más satisfecho contigo mismo. Puede ser que te sientas poco disciplinado en los aspectos que más necesitas para alcanzar tus metas, pero eso tiene remedio. Afortunadamente, la disciplina es una cualidad que se puede desarrollar, aunque requiere un poco de esfuerzo y que prestemos atención a determinadas situaciones.

Existen muchas actividades que requieren que hagas uso de la disciplina, cada vez que la pongas en práctica, también se va desarrollando el autocontrol y el autoconocimiento que son muy necesarios para que te sientas a gusto con la vida que llevas y también te ayudará a ver con claridad la capacidad que posees para lograr tus metas.

Hacer una retrospección, aprendiendo a conocer nuestro interior será de gran ayuda. Inconscientemente tendemos a ignorar nuestras debilidades o a darles demasiada importancia de tal forma que nos limitan. La retrospección te ayudará a conocer la verdadera dimensión de tus debilidades, y una vez que las has identificado, podrás fijar un plan de acción efectivo para poder superarlas. Conocerte a ti mismo profundamente, saber cuáles son tus limitaciones, determinar si son reales o están sobredimensionadas por tu mente, te permitirá conocer de manera efectiva cuáles son tus habilidades para llegar a la meta que te has propuesto. Habrás notado que cada meta que te propones, múltiples ideas de limitación vienen a perturbarte y hacerte dudar de la posibilidad de lograrlas. Por lo tanto, si ya has identificado esas debilidades debes enfrentarlas con disciplina. Supongamos que debes realizar un trabajo urgente, pero estás pendiente del teléfono.

Eso te distrae, ponte un límite a eso de depender del teléfono. Déjalo en otra habitación. Disciplínate para fortalecer tu voluntad de mirar el teléfono a cada instante. Enfócate en lo que estás haciendo, mantenerse enfocado es dirigir el comportamiento con disciplina, es poner orden en las emociones y acciones.

Como la disciplina es un comportamiento que se aprende, también debe desarrollarse con prácticas constantes. Pero no te impongas una disciplina espartana, ve paso a paso, ve disciplinando de a uno los aspectos de tu personalidad que deseas mejorar, de lo contrario, te sentirás abrumado y abandonarás todo tipo de orden que intentes establecer. Disciplinarse a uno mismo lleva tiempo y es algo que requiere esfuerzo y que prestemos atención no sólo a nuestras acciones, sino también a nuestros pensamientos, costumbres y forma de conducirnos. El ser consciente de lo que estamos haciendo y pensando, lleva algo de tiempo y esfuerzo, pero en unas semanas verás los resultados que te sorprenderán. Cuando seas consciente de esos cambios, del mejor orden impuesto en tus actividades y pensamientos, date el mérito que corresponde. Lo lograste con esfuerzo, pero lo has hecho al fin. Recompénsate dándote el valor que tienes. Ya ves que puedes lograr hasta obtener una mejor disciplina. Mereces tu propio elogio, porque lo has ganado con tu esfuerzo.

En algunos casos, puede ser que falles algunas veces en imponerte disciplina, pero debes dejar de lado el hábito de culparte. No eres víctima de nada, sólo que esta vez no lo conseguiste porque falta "muscular" un poco más la disciplina. Sé perseverante, aprende de los errores y saca provecho de ellos para no volver a caer en ese desorden. Aprender a conocerse, a valorarte, también debes aprender a perdonarte, perdonarte los errores es importante. Si en alguna ocasión te falta disciplina, perdónate y vuelve a intentarlo todas las veces que sea necesario hasta lograr el objetivo que te habías fijado.

La disciplina se desarrolla mediante la planificación de establecer orden y reglas, fijando orden donde antes no lo hacías, a diario debes practicar la disciplina en los aspectos físicos o emocionales en los que tú has encontrado debilidades, de esta manera crearás el hábito saludable del autocontrol que te llevará al éxito.

Debes saber que no sólo posees debilidades, que te has estado ocultando, también posees grandes fortalezas que no sabes que tienes, al hacer retrospección no sólo conocerás tus debilidades, aquellas que debes disciplinar y superar, sino que también descubrirás que tienes muchas fortalezas y cualidades que ignorabas. Esas fortalezas puedes hacerlas crecer de forma que se conviertan en hábitos saludables que sustituyan a las debilidades, es cierto que aquí también deberás usar de la disciplina, pero la estarás ejerciendo para permitirte crecer como persona, para convertirte en alguien mejor.

La disciplina pone orden en los pensamientos, dirige la razón por el camino correcto, te lleva a lograr tus propósitos sin abandonar el camino hacia tus metas, por más difíciles que parezcan en un momento dado. La vida tiene su sentido en el hecho de poseer un propósito, en cumplir las metas que deseamos, de lo contrario, si no tuviéramos esas metas, sería una vida vacía, el vivir sólo porque respiramos. Tener metas diarias, metas a mediano plazo y metas a largo plazo nos da el impulso de seguir viviendo, pero con objetivos, con metas que deseamos cumplir. ¿Y que puede ser mejor que la disciplina?

La autodisciplina y la disciplina van creciendo juntas, la idea es hacer que ocupen el lugar de los hábitos que los han retrasado hasta ahora. Usa las virtudes que tienes, como la paciencia y la voluntad para crearte el compromiso de dejar la zona de confort, envuelto en la comodidad de los viejos hábitos e implanta esos valores y facultades que posees como los nuevos hábitos, verás que la confianza empezará a tomar fuerza y a desarrollarse permitiéndote tomar decisiones radicales cuando lo necesites, porque ahora tienes la disciplina y el autoconocimiento de ti mismo.

En algunos momentos deberás enfrentar la tentación de recaer en los viejos hábitos de debilidades que te tenían amordazado, este es el momento oportuno para poner en marcha la disciplina y la voluntad que te ayudarán a espantar esas tentaciones que te apartan de las metas que persigues.

Ve implementando la disciplina en pequeñas cosas, como dejar de ver series o películas hasta muy tarde o el hábito de revisar el teléfono, aunque no haya sonado. Puedes sustituir estas costumbres por elegir un buen libro y leer algo antes de dormir en lugar de mantenerte despierto hasta altas horas de la noche, procura tomar la disciplina de darte un mejor descanso, acostándote más temprano y descansar más horas, al día siguiente rendirás mucho más que estando agotado por haber dormido poco.

Todas estas son pequeñas prácticas para tu autodisciplina que te permitirán ir haciéndola crecer, hasta el punto en que no necesites pensar que debes ponerla en marcha, porque lo hará de forma instantánea, porque la disciplina ha sustituido los hábitos que te debilitaban el carácter.

Recuerda que la disciplina es una cualidad que debes hacer crecer para llegar al éxito, requiere constancia por tu parte y algo de voluntad. Estos son valores muy importantes que te permitirán darle sentido a tu vida y encaminarte al logro de tus metas.

BENEFICIOS DE TENER DISCIPLINA

La disciplina bien utilizada es un motor que te impulsará para lograr tus metas, siempre que se trate de una disciplina moderada, aplicada en la cantidad justa y en los aspectos que quieres mejorar en tu personalidad, porque una disciplina extrema, aplicada a todos los ámbitos de la vida pueden llevarte a ser una persona rígida y demasiado estructurada, que no se permitirá el disfrutar de la libertad de acción.

Como todo, debe ser puesta en práctica en la medida justa, ningún exceso es bueno, pero si puedes ejercer disciplina en los hábitos que debes cambiar para orientar tus actos hacia el logro de las metas propuestas, será una aliada fundamental en el plan de acción que has establecido.

Esta virtud o capacidad de ser disciplinado la poseen aquellos que practican principios que están íntimamente relacionados al orden, a la constancia y a la voluntad ya que con el ejercicio de la disciplina se puede conducir de forma adecuada los impulsos que te llevarán al éxito.

Si bien tendrás más orden en tu vida y podrás darle el sentido y la dirección necesaria a tu camino hacia tus metas, en realidad la disciplina se refleja mucho más en el área del comportamiento social, porque el obtener tus metas porque no sólo es necesaria en la práctica personal, para prestar más atención a tus necesidades y cuidar de ti mismo sino que deberá ser aplicada en el campo laboral porque te brindará la posibilidad de tener una mayor productividad, darle un mejor enfoque a tus actividades diarias y mejorará tu capacidad de aprendizaje no sólo en el aspecto académico sino también en lo referente a tomar las decisiones correctas para llegar al fin propuesto.

Fijarte normas y hábitos saludables que estén relacionados con la conducta y la forma de conducirte en la sociedad actual, un tanto revolucionada y apresurada, trae beneficios de gran valor en lo personal como también en tus relaciones.

Una disciplina constante te acerca al logro de tus metas aumentando la posibilidad de obtenerlas en un plazo mucho menor del que habías originalmente imaginado ya que al volverte más consciente de cada decisión y acto que realizas a diario, te permitirá mantenerte en el camino trazado hacia tu propósito. El practicar la disciplina te hará destacar entre las demás personas y tu actitud puede llegar a insuflarle entusiasmo a otros de también empezar a ejercer esta virtud que lleva a mejorar en todos los aspectos. El ser constante y mantenerse enfocado en la búsqueda de tus metas te dará la satisfacción de saber que eres dueño de tus decisiones, de orientar tu vida de la mejor forma posible, te hace notar la capacidad que posees para alcanzar lo que busques.

La disciplina es el medio más adecuado para cambiar los hábitos que hasta ahora te han estado deteniendo tanto en lo personal, como en la ejecución de tus actividades diarias. Empezarás a notar que trabajas mucho más rápido y de manera más efectiva. Todo esto eleva tu autoestima y te sentirás íntimamente satisfecho contigo mismo al notar que vas sorteando uno a uno aquellos límites que tenías y que no te permitían llegar al logro que buscabas. Tu confianza en ti mismo y en tus capacidades abre las puertas a iniciar otros emprendimientos que tal vez jamás pensaste que podrías enfrentar.

Sin embargo, debes recordar que la disciplina es como un músculo, que debe ser ejercitado a diario para que se mantenga en óptimo estado. Por lo tanto, de manera constante practícala apoyándote en la voluntad de mejorar superando hábitos y límites autoimpuestos. Estos límites que has creado en el paso de los años pueden ser removidos mediante la disciplina de crear hábitos saludables para tu cuerpo y para tu forma de reaccionar ante ciertas situaciones, de esta manera seguir enfocado en tus metas se hará mucho más fácil y llegar a ellas puede ser más sencillo de lo que habías pensado.

Todos tenemos debilidades, sin embargo, el ser humano se caracteriza por dos aspectos que lo afectan negativamente y que son el ignorar sus propias habilidades y talentos y por otro lado el juzgarse severamente ante cualquier error y considerarse un fracasado. Para superar estos comportamientos la disciplina debe estar al frente, debes conocerte interiormente, ya hemos hecho algunas prácticas de auto reflexión y retrospección que te ayudaron a descubrir cuales son las debilidades que tratas de ocultar y cuáles son tus valores y talentos, este conocimiento es la clave para alcanzar el autocontrol y la disciplina juega un papel muy importante. Cuando ya has planificado los pasos a seguir para lograr tus metas, la disciplina te ayudará a evitar las distracciones que puedan desviarte del camino a seguir. Cada objetivo que vas logrando, te lleva un paso más cerca del éxito que deseas. Por lo tanto, desarrolla tu disciplina y ponla en práctica en todos los aspectos de tu vida, pero de manera moderada, mantener el autocontrol y la consciencia de tus actos te hará sentir que realmente eres el que diseña el camino de tu vida y no te sentirás a la deriva, siendo impulsado por las circunstancias diarias.

Estos sentimientos de satisfacción que sentirás te darán la confianza de seguir intentando cada vez algo nuevo, porque es un impulso a mejorar cada vez más. Es lógico pensar que no siempre todo saldrá como tú deseas, porque estas inmerso en la sociedad y cada individuo actúa y piensa de forma distinta y puede llegar a retrasar con sus actos tus deseos de avanzar. No debes victimizarte y tomar el hábito de castigarte por esos altibajos ni tampoco tomar el hábito de juzgar negativamente a los otros, porque por mucho que conozcas a la otra persona, en realidad solo conoces su aspecto exterior y lo que permite que los demás veas de su interior. Todos tenemos un mundo interno oculto. Recuerda que debiste buscar las debilidades que tú mismo posees y tuviste que hallar tus talentos y capacidades, pues eso le sucede a cada ser humano, cada uno tiene aspectos de sí mismos que desconocen, es por esa razón que no se puede juzgar tan ligeramente a los demás, porque no conoces lo que hay en su interior y que permanece aún oculto.

Cada altibajo que debas enfrentar, tómalo como un desafío a superar, como un aprendizaje de algo que te ayuda a crecer, no dejes que la ira y la frustración empiecen a crecer en tu mente. Todo altibajo debes considerarlo como una oportunidad de mejorar para que en el futuro puedas prever un plan de acción ante estos hechos inesperados y vuelve a enfocarte en tus metas. Ellas deben estar siempre presentes en cada pensamiento.

La disciplina es una cualidad que debe ser desarrollada y fortalecida durante la vida. Si tienes hijos, enséñales desde pequeños a ejercerla, a practicarla, no de manera extrema, sino de forma útil para que los ayude a avanzar en sus proyectos. Tú mismo debes mantener la voluntad de practicar esa disciplina que pondrá orden en el caos diario. Sé que no es fácil, que surgen muchas distracciones, pero no hay excusas, debes poner tu fuerza de voluntad de tu lado porque tienes un plan de acción establecido para llegar a tus metas y la disciplina será una aliada muy importante en cada paso que des. Puede ser difícil al principio, pero trata de mantener tu enfoque en que todo el trabajo que estás haciendo está destinado a obtener lo que ansías lograr.

Cuando con esta cualidad mejoras tu calidad de vida, notarás que todos los aspectos de tu entorno comienzan a cambiar y también obtienen el beneficio de presentar aspectos más positivos. La disciplina debe ser aplicada a todos los aspectos de tu vida, al personal, al laboral, al familiar y hasta llevarlo al aspecto social, en las relaciones con tus amistades. En pocas palabras si practicas la disciplina debes hacerlo en todo el ámbito de tus actividades para lograr una mejora notoria que cambiará tu vida y lo que te rodea.

La disciplina aumenta tu autoestima porque te sabes capaz de controlar tus impulsos, experimentarás la satisfacción, tranquilidad y plenitud que has buscado tanto y que tenías en tú propias manos.

Tal vez creas que estos consejos son irrealizables o tal vez pueriles, pero ponlos en práctica, observa en ti mismo como el uso de la disciplina te mantendrá en el mejor estado físico, mental y emocional para llegar al éxito.

CÓMO LOGRAR LO QUE QUEREMOS

En algún momento de tu vida, seguramente te habrás preguntado cómo puedes llegar cumplir con las metas que te has fijado, pues déjame decirte que el sólo hecho de haber hecho esta pregunta ha puesto en movimiento los engranajes para que obtengas lo que quieres. Dirás que es imposible, pero en realidad, todo comienza a crecer en la mente, se genera la idea de la meta que deseas lograr, de allí surgen pensamientos orientados a organizar un plan de acción para conseguirlas, pones en funcionamiento tu maravillosa imaginación, que es la creadora de los mejores sentimientos y emociones ya que estarás imaginando como consigues lo que deseas y también lo que sentirás cuando llegues a la materializar tus objetivos.

Por esta razón es que primero se debe comenzar por trabajar internamente, fijar efectivamente cual es la meta que deseas alcanzar, cuál será el plan de acción o el camino que seguirás para conseguirla y orientar tu mente y tus pensamientos correctamente. El poner a tu servicio a la disciplina y la voluntad ha sido el primer paso hacia ello, ahora deberás continuar con el control de tus pensamientos. No permitirles que divaguen en la posibilidad de fracasar en cualquier intento. El ser humano tiene tan asentada la idea de ver obstáculos, límites y dificultades que pierde de vista su habilidad, valores internos y talentos, dejándose imbuir por ideas derrotistas. Están a la orden del día. En todo lo que te rodea, si prestas atención, verás el énfasis que se pone en el fracaso y las cosas malas que ocurren. Cuando lees las noticias todas se refieren a que la Señorita Fulana rompió con su pareja debido a una infidelidad, que Mengano perdió su fortuna debido a una estafa o que Zutano enfermó gravemente. Se consumen esas noticias a diario y de manera inconsciente van minando tu mente de tal forma que el temor a sufrir algo semejante se hace uno contigo mismo. Y eso es lo que voy a enseñarte a superar en las próximas páginas.

La mente es la principal creadora de cada aspecto de tu vida, ella es la que pone límites y la que abre las puertas. Es la que te proporciona el impulso o la que te frena. Por lo tanto, empezarás a tomar consciencia de tus pensamientos. La disciplina y la voluntad ya las estás ejerciendo y ahora deberás aplicar su poder para controlar tus pensamientos, tus palabras y emociones, ahora le darás el camino correcto a cada uno de ellos usando las cualidades que posees y que has ido desarrollando.

Estoy seguro que mucho es lo que has escuchado de ese don que todos poseemos, que es inviolable hasta por las fuerzas más elevadas del Universo, ese don es El Libre Albedrío. ¿pero a qué se refiere el libre albedrío? ¿En qué se aplica?

En realidad, el libre albedrío que posees desde tu creación como ser vivo, no significa que tienes la libertad de ir por la vida haciendo lo que se te de la real gana, sin mirar si afectas a otros, el verdadero significado del libre albedrío es la   LIBERTAD   DE

PENSAR como desees. Cuando en la Biblia te comentan del árbol de conocimiento, hacen referencia al hecho que, al momento de consumir la manzana, el primer hombre descubrió que tenía la libertad absoluta de orientar sus pensamientos por el camino que deseara. Hasta ese momento, los ángeles le decían que era lo bueno que debía pensar, porque el pensamiento es creador al igual que la imaginación. Una vez que mordió la manzana fue consciente de su libertad de poder pensar de forma positiva o de manera muy negativa. Esa es la verdadera razón del libre albedrío.

Tú tienes el poder de orientar tu mente y sus pensamientos en una dirección positiva y correcta, que te empodere y engrandezca como persona y también posees la libertad de llenar tu mente de pensamientos negativos que te hundan en las más oscuras profundidades que te llevarán a la oscuridad y los límites infranqueables que has construido hasta ahora.

De aquí se deriva la importancia de usar la disciplina y la voluntad para poder controlar de manera consciente no solo tus pensamientos sino también tus emociones y sobre todo las palabras que dices, porque cada palabra creada en el pensamiento y fortalecida con la carga emocional necesaria se convertirá en un decreto que debe cumplirse a como dé lugar.

La importancia de poner en orden tu interior es primordial. Ya has fijado las metas que deseas conseguir, por lo tanto, debes mantener la consciencia de tus pensamientos, palabras y emociones para evitar que influyan privándote de la posibilidad de conseguir lo que estás deseando. Está comprobado científicamente que los pensamientos tienen un gran poder que se extiende al entorno que te rodea. Se hizo un experimento en el que en dos habitaciones separadas se colocaron plantas de la mismas especies y se instruyó a los participantes que cuando entraran en uno de los cuartos pensaran en la belleza de esas plantas, cuánto deseaban que crecieran y florecieran, que fueran fuertes y atractivas a la vista, mientras que cuando entraban al otro cuarto debía llenarse de pensamientos negativos, pensando que las plantas eran una carga porque había que cuidarlas, que no aportaban beneficio, que terminarían languideciendo y perderían el follaje y jamás darían flores y frutos. En pocas semanas, las plantas se hicieron eco de los pensamientos de los participantes, aquellas que estaban en la habitación donde los visitantes debían tener pensamientos positivos, crecieron, florecieron, dieron fruto y destacaban por su belleza, mientras que las de la habitación contigua, donde debía cada uno que entrara mantener pensamientos oscuros y negativos, se vieron afectadas enormemente, muchas plantas perdieron todas sus hojas, otras directamente murieron y ninguna floreció. Como ves, el poder del pensamiento puede afectar el medio ambiente en el que te mueves, ¡imagínate lo que puede hacer contigo mismo!

Mantener la mente consciente en sólo producir pensamientos constructivos para tu vida es muy importante al momento de mantenerte enfocado para lograr tus metas. Construye el hábito de mantener tu mente en un aspecto positivo, centrada en los objetivos que deseas conseguir y en las acciones que llevarás a cabo para lograrlos. Tener una buena relación contigo mismo, sabiéndote capaz de conseguir lo que deseas, desarrollar la confianza y convencerte de lograr lo que te propones evita que seas el creador de límites que ha sido tu principal tarea hasta ahora.

Pongamos un ejemplo, deseas ir a cenar esta noche con tus amistades y organizas el horario, el lugar al que asistirán, cuanto puedes gastar, cómo llegarás al restaurante y cómo será tu regreso. Has planificado cada uno de los aspectos que harán de esa una reunión muy agradable. Pues de la misma forma debes planificar tu camino al éxito. Orientar tus pensamientos, organizando cada paso que darás para que todo camine sobre rieles y logres disfrutar de un resultado óptimo. Puede ser que por esos altibajos que se presenten en la búsqueda de tus metas, debas hacer algunos cambios de último momento al recorrido que habías propuesto en tu plan de acción, pero mantente siempre enfocado en el logro de tus metas.

No te apresures o no apresures los acontecimientos, algunas cosas llevan un poco de tiempo, de todas formas, mantén tu vista fija en el objetivo que quieres alcanzar. Deberás también poner todo tu esfuerzo para que el logro sea completo, la mediocridad no te permitirá avanzar al ritmo deseado. Si te arrodillas a orar para tener un gran examen y sacar una muy buena nota, no solo quedes con la actividad de orar, debes estudiar y poner el esfuerzo que sea requerido para conseguir la nota alta que estás buscando. De nada sirven las oraciones repetidas como un eco a media voz si no pones tu enfoque, diciplina y voluntad de ayudar a que esa plegaria se haga realidad.

Notarás que muchas cosas sucederán rápidamente, pero otras llevarán un poco más de dedicación y tiempo. Debes considerar que todo lo que estás haciendo es una inversión en ti mismo y esa inversión de tiempo y esfuerzo son las que te darán como dividendo el éxito de llegar a cumplir las metas que te has fijado y que has planificado con tanto cuidado.

Pon en uso el libre albedrío que posees, conviértelo en tu aliado, trabaja con él generando la alquimia que abrirá tus caminos, llenando tu vida de la satisfacción de vencer a la negatividad reinante. Dirige tus pensamientos, imaginación y emociones a conseguir el éxito.

PORQUÉ SIRVE MEJORAR LA CALIDAD DE VIDA

La calidad de vida es muy importante para que obtengas el desarrollo personal que te brindará una autoestima saludable, autocontrol, y bienestar físico, psicológico y emocional que mejorarán la relación que tienes contigo mismo y con todos lo que te rodean, porque al estar inmersos en un mundo esencialmente social, el entorno y la forma de actuar con él también contribuyen a que tu propia calidad de vida sea cada vez mejor.

Como todo, no se nace con una gran calidad de vida, la que deseas para ti y tus seres queridos, hay que poner algo de dedicación y esfuerzo para lograr que la vida que llevas actualmente se vaya transformando en la que deseas. Tener una buena calidad de vida no sólo se limita a tener buenos ingresos económicos sino que también se complementa con una buena educación, con hacer un trabajo de calidad, mantener un estilo de vida saludable y alimentarse adecuadamente para que el cuerpo pueda responder de manera adecuada.

No importa la edad que tengas, tener una buena calidad de vida no depende de ello, sino del impulso que tengas para conseguirla. La calidad de vida te permitirá disfrutar de cada una de las experiencias que vayas adquiriendo y para ello es necesario manterse optimista, aprendiendo que todo lo que se presente, sean cosas buenas o malas, son, si las orientas bien, un aprendizaje constante. Muchas veces ante una calidad de vida distinta de la que anhelamos nos llena de sentimientos de malestar, depresión o ansiedad por mejorarla, pero eso no sirve, sólo acrecienta la idea de carencia de algo mejor.

Mucho más allá de lo que sientas personalmente, lo que va condicionando tu vida está basado en la forma de encarar lo que deseas cambiar, en lo que quieres cambiar y optar por actividades que te lleven a tal fin. Por ejemplo, si desean mejorar tu salud, lo ideal es empezar a practicar algún tipo de actividad física pero acompañada de una buena alimentación y lo más importante, mantener una buena hidratación, porque parece que nadie recuerda que el cuerpo humano está conformado por un 70% de agua y no le aportan el líquido necesario en el día a día. Procura cambiar tu forma de enfrentar cada día, empezar por mejorar tu alimentación con alimentos saludables y algunas caminatas durante la semana es un buen principio. Dejar los hábitos que hasta ahora no te han aportado nada a mejorar la calidad de vida es también importante. Puedes dejar un poco de lado el teléfono o la computadora o la poltrona frente al televisor y emprender la aventura de implementar un nuevo hábito más saludable de salir a tomar aire, de conectarte con otras personas y conocer el mundo que te rodea, verás que es mucho más amplio que la sala de tu casa. Es cierto que el concepto de calidad de vida es muy abstracto y varía de persona a persona, sin embargo, puedes estar seguro que se refiere a la propia percepción de la plenitud que siente cada uno con la vida que está llevando. La calidad de vida está muy relacionada con el aspecto de la salud de cada uno en lo personal y con el aspecto financiero y económico en la sociedad en la que se desenvuelve. Sin embargo, su alcance es mucho más grande. En los países desarrollados donde la atención de la salud es un sistema sólidamente implementado, donde la sociedad tiene acceso a grandes avances tecnológicos y un gran poder adquisitivo, también la gran mayoría de sus habitantes consideran que les falta algo para que su calidad de vida sea la mejor. En general, en estos países muy desarrollados falta el contacto humano, el poder relacionarse con otros de manera sencilla y saludable, el entorno psicosocial es muy importante porque el ser humano es naturalmente sociable y necesita compartir algo de tiempo con otros para lograr un desarrollo completo de su personalidad. Eso colabora a mejorar la salud física.

El proponernos un estilo de vida con hábitos saludables, mejora nuestro ambiente emocional y en lo personal la persona se siente parte de algo más grande, siente que puede aportar mucho de sí mismo y el compartir momentos con otros es un gran liberador del estrés en el que se ven sumergidas las sociedades actuales son los determinantes de los sentimientos de carencia o abundancia que puedes llegar a tener.

Aquí entra a jugar el control de la mente dirigiendo los pensamientos hacia el camino que te saque de la abulia y te ayude a encontrar con disciplina la forma de mejora a diario, todo lo que creas que puedes modificar para mejorar tu estilo de vida es posible. Sólo dependerá de tu decisión de hacerlo.

Crear y mantener una buena calidad de vida te permitirá disfrutar de muchas actividades que hasta ahora fuiste relegando con excusas de falta de tiempo o de cansancio, pero si cambias algunos de los viejos hábitos que te mantienen en una zona de confort que sólo está socavando tu sentimiento de satisfacción y felicidad te abrirá a un nuevo mundo de posibilidades y nuevas experiencias que harán de tu día a día algo digno de ser disfrutado a pleno.

VIVIR LA VIDA QUE QUEREMOS
Y NOS MERECEMOS

En mayor o menor medida todos deseamos que nuestras vidas fluyan con naturalidad, de manera segura y sin limitaciones, independientemente de nuestra situación financiera, del ambiente en el que nos movemos de nuestro origen y de nuestro bagaje cultural.

Tal vez desees sentirte bien con tu cuerpo, sentirte saludable y pleno de energías, o tal vez desees conseguir un mejor trabajo donde puedas desarrollar todo tu potencial, que sea valorado, un trabajo donde puedas demostrar tus dones y capacidades y que por supuesto te de la seguridad económica necesaria para no sólo trabajar, sino también para poder disfrutar de lo ganado con esfuerzo. Es posible que desees crecer en lo personal, convertirte en un ser humano con buenas cualidades, contribuir a la sociedad con tus aportes o tal vez quieras tener una pareja formal, que te ame y a quien amar, formar una familia y ser la contención del uno para el otro. Actualmente muchas personas están buscando el autoconocimiento y lograr la consciencia de sí mismos para elevar su mente y su espíritu. Todos esos deseos se quieren conseguir con facilidad, que fluyan a nuestras vidas de manera perfecta, con el menor esfuerzo y sufrimiento, sin ningún tipo de presión o estrés. Sin embargo ¿es eso posible? ¿pueden llegar esas cosas sin poner algún esfuerzo por nuestra parte? ¿Cómo podemos lograr tener el éxito que deseamos, en al ámbito que sea?

Para lograr vivir la vida que mereces vivir, la consciencia juega un papel fundamental ya que es la que te permitirá cambiar las situaciones actuales por las que deseas manifestar en tu vida. Saber con certeza lo que queremos, cuáles son nuestras metas y emprender el plan de acción para obtenerlas, implica el uso consciente de los pensamientos, emociones, comportamientos, actitudes, reacciones para lograr el cambio que deseamos. Si no estás consciente de como debes actuar, pensar y hacia dónde dirigir tus pasos no lograrás la vida que mereces.

Por lo tanto, tomar consciencia y enfocarte en cambiar lo que esté obstaculizando la llegada de lo que anhelas es comprometerte de manera firme a mantener con claridad la consciencia de todas tus capacidades y ponerlas a trabajar ahora. Ser sincero contigo mismo y con los demás en toda situación será de gran ayuda porque si actúas de manera íntegra, sincera y te muestras auténticamente como eres atraerás mejores relaciones y situaciones que harán de tu vida algo más placentero, disfrutable y te dará la plenitud que buscas. No es necesario el buscar agradar a todos, algunos no tenemos ninguna afinidad entre nosotros, pero sí atraerás a gente que se sienta bien contigo y que resuenen en tu misma vibración. Mantente, por lo tanto, fiel a ti mismo, no cambies por agradarle a otro, tú eres valioso tal y como eres, cuando seas consciente de ello atraerás a tu vida a la gente que serán un complemento ideal para vivir tu vida y disfrutarla.

Pon la pasión necesaria, entrégate de lleno, pon todas tus energías para lograr los cambios que te lleven a la vida soñada. Pero no pierdas de vista el momento presente, porque es ahora donde estás creando el porvenir, que aún está en el futuro, planifica los pasos a seguir, toma las experiencias que has tenido y úsalas en tu provecho para actuar y organizar mejor las cosas. Vive conscientemente el momento presente creando lo que deseas atraer a tu vida en el futuro. No permitas que los pensamientos negacionistas tomen lugar, aléjalos en el momento en que tomes consciencia de que se están adueñando de tu mente.

Debes ser completamente franco contigo mismo, para ello es necesario que identifiques tus miedos y prejuicios de conseguir la vida que mereces. Ya te he comentado que todos tendemos a negar nuestras habilidades. Por lo tanto, debes estar alerta y no dejar que esos temores e inseguridades se arraiguen en tus pensamientos. Debes armarte de coraje para hacerles frente y erradicarlos. En realidad, no existen, sólo son temores imaginados, elucubraciones de la mente cuando está ociosa, para evitarlos, mantente enfocado en la vida que deseas y mereces poseer.

Sé agradecido de todas las experiencias que has tenido y que son las que te condujeron a este gran cambio que llevas adelante. No te detengas demasiado en juzgar si actuaste bien o si enfrentaste las situaciones pasadas de la manera adecuada, simplemente usa la enseñanza que obtuviste en tu propio beneficio para conseguir la meta de una vida memorable.

Deja fluir tus pensamientos hacia el destino al que quieres llegar, a la vida que mereces vivir. Como ser consciente de lo que deseas y que posee el autocontrol de sus actos y pensamientos conviértete en el creador cuyo potencial hasta ahora has mantenido encerrado, déjalo salir y comienza a construir una vida plena, que llene tus expectativas, que te haga sentir fiel a ti mismo y sobre todo que te dé la felicidad que necesitas.

CÓMO ENCONTRAR UN PROPÓSITO EN LA VIDA

En algunas ocasiones te habrás sentido fuera de lugar, insatisfecho o sientes que las cosas no van por el rumbo que tenías previsto, cuando crees que estás siguiendo el camino equivocado es tal vez el momento en que pongas atención al propósito que le has dado a tu vida. Tener un objetivo, un propósito de vida te llena de la satisfacción de estar haciendo lo que realmente deseas, aquello que te da inspiración y el bienestar e inunda por completo tu ser.

Es importante fijarnos un propósito de vida, porque aporta la motivación para esforzarnos más cada día en lograr la felicidad, nos da fuerzas para implementar los cambios necesarios para modificar los hábitos arraigados que no nos dejan avanzar correctamente.

El propósito de vida, por supuesto, no es el mismo para todos. Ya que cada uno tiene sus propios deseos y ambiciones, como también las cosas que nos hacen sentir bien son distintas. Algunas personas encuentran su propósito de vida en ayudar a los demás, acompañando a los enfermos o asistiendo a niños y personas indefensas, otros desean mejorar el mundo para que todas las especies vivamos en armonía, otros encuentran su propósito de vida creando historias para otras personas o también puede ser un propósito de vida el desarrollar el aspecto espiritual y ayudar a otros a lograr lo mismo. Conozco personas cuyo propósito de vida es crear un hogar donde prevalezca el respeto y el amor entre todos los que conviven juntos, otros tienen como objetivo destacar internacionalmente o ser un inventor genial. Los propósitos de vida varían tanto como la personalidad de las personas. Pero en general ese propósito está relacionado a lo que deseas hacer, que cumpla tus expectativas personales y para ello deberás trazar un plan de acción que de forma exitosa te lleve a conseguir lo que has fijado en tu mente.

Seguramente te estarás preguntando si es importante contar con un propósito de vida. El tener este objetivo ayuda a llevar una vida más consciente, eso no significa que todos los problemas se disolverán en el aire, pero sí implica que tendrás objetivos claros para elaborar mejores planes y tomar decisiones claras y concretas para alcanzar lo que deseas. Entonces te darás cuenta que muchas cosas y hábitos que tenías te estaban alejando de ese propósito que tenías en mente. Sin embargo, el tener un propósito de vida hará que sientas que tu vida realmente tiene sentido, un significado que va más allá que el respirar, trabajar y cumplir con tus necesidades básicas. Además, serás una persona que toma las riendas y dirige sus acciones a construir la vida que desea. Te sentirás lleno de energía y de ganas de emprender los cambios que sean necesarios para llegar a tu objetivo. La motivación hará que seas consciente de cada cosa que hagas porque cada una de ellas te acercará al camino que estás persiguiendo para lograr que ese propósito de vida se haga realidad.

Tu vida emocional cambiará radicalmente, porque no es lo mismo dejarse llevar por la vida como un barrilete al viento que tener un norte, un camino fijado al que deseas llegar. Es cierto que muchos creen que el propósito de vida siempre es el éxito, pero el éxito proviene de hacer aquello que realmente amas hacer, y en todo momento debes ser fiel a ti mismo, canalizando toda tu energía en el logro de hacerlo realidad.

Muchas personas se frustran o se estresan porque no sienten que algo los apasione lo suficiente como para considerarlo un propósito de vida. Pero aquí lo esencial es el autoconocimiento, el aprender a ver en tu interior; que es lo que realmente deseas en tu interior y que es lo que realmente te hará sentir una plenitud completa. En muchos casos ayuda el preguntarles a las personas cercanas a ti que cualidades ven ellos en ti, eso puede darte la pauta de encontrar patrones de conducta que se repitan y te darán una idea de cuáles son tus inclinaciones.

Date tiempo para explorar cuáles son tus intereses, de que te gusta aprender más, que cosas te llaman más la atención, de que es lo que predomina en tus conversaciones o que compartes en las redes sociales, eso también te puede ayudar a encontrar cuál es el propósito de vida que posees. Puede ser que sepas ya que hay algo en especial que te encanta hacer, a lo que le dedicas tu tiempo libre. Analiza tus habilidades, tus talentos, que cosas te apasionan y tal vez alguna sea la que puedas transformar en algo mucho más grande que te lleve a conseguir encontrar el propósito de tu vida. Una vez que hayas identificado eso que es lo que más disfrutas, motívate para llevarlo adelante, para hacerlo crecer. Tal vez debas modificar algunos hábitos viejos para incorporar nuevos hábitos que te guíen con mayor exactitud a cumplir tu propósito, porque en ese momento empezarás a conectarte con la misión de tu vida, cumplir tus sueños más grandes y lograr el desarrollo personal que te dará satisfacción y claridad para disfrutar cada día de tu vida.

ENCONTRAR EN NUESTRO INTERIOR LO QUE VERDADERAMENTE VINIMOS A HACER EN ESTA VIDA

Al hablar de encontrar que es lo que has venido a hacer en este planeta, me estoy refiriendo a encontrar cuál es tu misión de vida, qué es aquello que estás predestinado a llevar adelante, tal vez en este momento no estés seguro de cuál es, pero es el camino que internamente te has trazado y tarde o temprano te encaminarás hacia su ejecución, porque en tu interior sabes que algo te impulsa a determinados actos, que tus habilidades destacan para hacerlo, porque posees todo lo que necesitas para cumplir tu misión de vida, aunque ahora mismo no estés seguro de cual es.

He visto casos en que les lleva mucho tiempo encontrar ese camino hacia la felicidad interna, pero es algo natural debido principalmente al entorno en el que nos desenvolvemos, la sociedad actual se ha vuelto cada vez más materialista, y las sugerencias que te proponen para alcanzar la felicidad cambian tan rápidamente, es tanta la publicidad que se hace de aquello que puede hacerte alcanzar la felicidad que vas perdiendo tus propias ideas porque el mundo nos va llevando por un camino completamente distinto. Los medios manipulan nuestras mentes de manera subliminal que terminamos aceptando esas maneras de pensar como propias y eso nos va retrasando en encontrar cual es la real misión que nuestro ser más elevado se ha propuesto alcanzar.

Mucho es lo que todos hablan sobre encontrar tu misión de vida y la importancia que tiene poder determinar con certeza cual es el camino para sentirse realizado y lograr la paz interior de haber logrado lo que le dé un verdadero sentido a tu vida. Todos hemos venido a este mundo no solamente para vivir el cada día, dejándonos llevar por el rumbo que plantea la mayoría, sino que todos traemos una misión, que nos tiene como protagonistas y es la que debemos cumplir para sentir la satisfacción personal completa, es imposible que no la conozcas. En lo profundo de tu interior está latente esa idea que es la que has venido a realizar.

El ser humano es la única especie que fija sus expectativas en algo que lo trascienda. Tienes la idea de tu propia mortalidad tan asentada en la mente que tu vida puede llegar a parecerte un soplo, un camino demasiado corto como para poseer una misión de vida. Pro cada ser humano tiene una meta primordial a cumplir. Cada uno ha venido a esta vida para cumplir esa misión que puede ser insignificante, pero no olvides que las playas más bellas están compuestas por millones de granos de arena, y esa misión que te parece minúscula y sin importancia es uno de los tantos granos de arena que conforman esa magnífica playa.

En algún momento te habrás preguntado que hay más allá de

esta existencia terrenal, tu mente viaja hacia un futuro que aún no ha llegado y eso es una de las causas que impiden que puedas vislumbrar la misión de vida, porque esta es actual, se lleva a cabo en esta vida, ahora y no en el futuro incierto de la muerte y el desconocido lugar al que supuestamente nos dirigiremos entonces. Por lo tanto, comienza por acortar tus expectativas atrayéndolas al momento actual, a tu vida ahora, en este plano en el que te estás moviendo ahora.

El mantener tu atención enfocada en la misión de vida actual, sin tener en cuenta el legado que dejarás es en lo que debes enfocarte ahora. Fijarás tu atención a tu existencia actual, entonces encontrar el porqué de tu existencia se hará más sencillo. Encontrar cual es la misión que tienes en esta vida debes enfocarla no sólo en el ahora, sino también en tu interior.

El autoconocimiento es la mejor forma de conocerte y es lo que te permitirá detectar las aptitudes que posees y cuál es el camino que te habías trazado originalmente. Para ello lo importante es escuchar a tu propio ser. Esto lo lograrás mediante la introspección, el habituarte a comunicarte con tus sentimientos más profundos, el descubrir tus deseos, habilidades y cualidades internas y eso lo conseguirás aprendiendo a escuchar a tu propia mente. Este proceso de autoconocimiento te llevará inevitablemente a repreguntarte que es lo que te motiva, cuál es el talento que destaca en ti y cuál es la manera de engrandecerlo de forma que te sientas pleno, capacitado para cumplir con esa misión.

En psicología se lo llama inteligencia emocional, que no es más que la capacidad, que todo ser humano posee, de percibir, interpretar y procesar sus emociones. Aunque consideres que las emociones son un signo de debilidad porque o te convierten en un ser demasiado sensible o te producen explosiones de sentimientos que aparecen en determinados momentos y perturban tu tranquilidad, son las emociones las que guardan el secreto de cuál es tu real misión de vida. Son las emociones las que te hacen sentir satisfecho contigo mismo y son las emociones las que marcan la infelicidad de dejarte impulsar por la intrascendencia que plantea la sociedad a menudo.

Para empezar a trabajar en tu interior es una muy buena práctica el comenzar a dedicarle tres o cuatro minutos diarios a la meditación, luego puedes extender el tiempo, si lo crees necesario, pero ahora estás iniciando el camino hacia el autoconocimiento y con unos pocos minutos bastan, hasta que aprendas a mantenerte enfocado en tu propio ser antes de empezar a disgregarte con otros pensamientos.

Cuando medites, hazte la pregunta de cuál es la actividad que si realizaras a diario te haría sentir mejor, pregúntate si esa actividad te haría sentir feliz si la realizaras el resto de tu vida. Pregúntate si puedes tener éxito de emprender esa actividad y si realmente es lo que tú deseas, porque muchas veces nuestros deseos se ven influenciados por las personas que amamos y para hacerlos felices a ellos, perdemos de vista aquello que nos hace sentir bien a nosotros mismos. Por lo tanto, analiza si eso que te hace sentir emociones satisfactorias es un deseo propio, nacido de tu interior, porque cualquiera sea la actividad que elijas es la que te llevará al éxito de sentir que realmente haces lo que te proporciona la estabilidad emocional, la tranquilidad y el bienestar que tanto deseas. Pero debes asegurarte de poner todo tu empeño en realizar esa actividad que es la que te hace sentir que eres un triunfador, la que te da el orgullo interno de haber logrado lo que siempre deseaste, eso es como una garantía de éxito y esta garantía es la que muchas veces te frena en buscar la misión que tienes en tu vida. ¿Porqué? Pues simplemente por temor de no lograrlo. El temor al fracaso te invalida, te hace sentir incapaz de emprender el camino que tu ser interno se ha fijado. Tal vez sientas miedo de como juzgarán los demás lo que consideras que es tu misión de vida, pero la opinión de tu entorno no debe afectar la búsqueda de tu felicidad interna. Te doy un ejemplo, tengo un conocido que es ingeniero aeroespacial, tiene un gran trabajo, gana muy buen dinero, hace diseños espectaculares, pero ha descubierto que su misión interna es tan sencilla como atractiva para él, aunque no sea tan rentable, ha descubierto que se siente feliz fabricando juguetes de madera. Con sus amplios conocimientos de ingeniería hace los encastres de madera más ingeniosos que he visto. Sus juguetes no llevan ni clavos ni tornillos. Dedica su tiempo libre, los fines de semana a perfeccionar su arte y son innumerables los juguetes que dona para Navidad y Reyes a los hospitales y orfanatos de todo el país. Como ves, las emociones juegan un papel muy importante, ya que te ayudan a descubrir que es lo que realmente disfrutas. Mi conocido debió enfrentarse a las críticas de su propia familia por dedicarse a algo que no le aportaba nada material, pero ha tenido un cambio tan profundo en lo personal, se lo ve satisfecho, hasta se comporta distinto, es menos rígido, en definitiva, es feliz.

Cuando superas el miedo a fallarte a ti mismo y a tu entorno encontrarás que es aquello que te hace sentir bien, lo que te engrandece y te hace sentir satisfecho. Pero necesitas conocerte para descubrir ese secreto tan bien guardado. Un método muy eficaz también es llevar un diario personal en el que anotes las cosas que te hacen sentir valioso, no dudes en escribir lo que realmente surge de tu interior, es un diario personal que puedes cerrar con llave y sólo tú tienes acceso a él. Una vez que reconoces cual es el camino que te llevará a la felicidad interna, toma la determinación de ponerla en práctica sin miedo, sin prestar atención a la opinión de la sociedad. Cualquiera sea tu misión de vida, si requieres más dinero para llevarla adelante, tu determinación hará que ese dinero llegue a tus manos, porque el Universo te proveerá de todo lo que necesites para crecer al máximo.

Mantenerte determinado, convencido de que eres capaz de enfrentar cualquier obstáculo para cumplir con tu misión de vida que puede ser muy elevada, como muy sencilla, pero es tu misión, aquello para lo que has nacido, lo que te hará feliz y lo que aportará a los demás algo que necesitan para también crecer interiormente. No olvides que son millones los granos de arena que se necesitan para conformar una playa.

SECRETOS PARA NUNCA DARSE POR VENCIDO

Te pasará a menudo que no le encuentras sentido a tus actividades diarias, sin embargo, los últimos estudios que se han hecho han demostrado que prestarles atención a nuestras emociones es lo que permite fortalecernos en las decisiones que tomamos a diario y esos sentimientos fortalecidos son los que nos impulsa a seguir adelante sin bajar los brazos, sin darnos por vencidos.

La motivación personal que te aportan las emociones bien dirigidas y controladas, sin permitirles que se desboquen, son las que evitarán que caigas en el hábito de la procrastinación, que siempre te influye para dejar para mañana lo que debes hacer hoy, y desgraciadamente, en muchos casos ese mañana no llega nunca porque sigues aplazando el hacer lo necesario.

La motivación tiene muchas caras, puede ser que ahora estés muy entusiasmado pero las emociones pueden estar aconsejándote mal, sobre dejar esto para después. Es por eso que el mantenerte objetivamente motivado es lo que te conducirá a la efectividad de realizar aquello que te habías fijado como meta a realizar. En este momento lo primordial es identificar con certeza cuáles son tus objetivos reales, ve emprendiendo uno a uno, siguiendo el plan de acción que con tanto cuidado has preparado. Establece metas sencillas primero y alégrate con cada una que consigas, aprende a alabarte a ti mismo, hasta nuestra propia mente merece escuchar de vez en cuaando, "gracias por tu esfuerzo", porque eso te dará el valor de continuar en el camino para conseguir las metas de mediano plazo. Aunque esto suene a una frase demasiado repetida, somos seres humanos y todos tenemos límites y podemos cometer algún error. No dejes que estos errores te detengan, conviértelos en una fuente de sabiduría, de experiencias adquiridas que te ayudarán a superar las debilidades y te permitirán mantenerte enfocado en tu objetivo real.

Implementa la inteligencia emocional, ello te permitirá trabajar motivado en los momentos difíciles, lo ideal es que tu plan de acción tenga planes o caminos alternativos a seguir en caso de que alguno de los frenos te va deteniendo, esas circunstancias que están fuera de tu control, de esta forma, podrás seguir adelante con un pequeño rodeo, pero sin dejar de avanzar. Es muy cierto el refrán que dice que el que mucho abarca poco aprieta, por lo tanto ve fijando la prioridad de tus metas y trata de ir cumpliéndolas de a una, porque lo importante es mantenerse en movimiento sin llegar al agotamiento moral de haber emprendido varios cambios juntos, ve con claridad cuáles son las prioridades que te has fijado, no prestes atención a las urgencias, porque son solamente circunstancias que desaparecen tan rápido como llegaron, mientras que tus prioridades personales son las que permanecerán contigo. Visualízate progresando, sin pausas, pero sin prisas, eso te fortalecerá mentalmente manteniéndote motivado para llegar al objetivo que te has propuesto. Busca en tu interior, analiza y reflexiona cada paso que des y que te conducirá al éxito de obtener resultados concretos. Mantente enfocado y no olvides disfrutar de este proceso, de estos pasos que vas dando para cumplir tus propósitos. Procura no distraerte de tu camino con cosas intrascendentes, porque harán que tus emociones tomen otra orientación y hará más complicado el mantener tu atención en la meta propuesta.

Tienes dos herramientas fundamentales que te serán de gran ayuda, la disciplina y tu fuerza de voluntad, ambas pueden fortalecerse día a día con una corta meditación en las que le entregas el poder necesario para que sean más útiles y se orienten mejor hacia el logro de tus objetivos. Deja de poner tu atención sólo en el futuro, debes afrontar el presente porque este es el que debes cambiar ahora para obtener las mejoras que necesitas. Aprende a ser fuerte para hacerle frente a todo lo que pueda presentarse. Sé perseverante, en realidad tienes mucha más perseverancia de la que crees, y esta cualidad es la que te hace fuerte, completo y te hace sentir con el poder necesario sin que te falte nada para conseguir lo que estás buscando obtener.

En muchas oportunidades te sientes atraído ante la idea de permitir que el victimismo adquiera fuerza en tu vida, pero sólo es un mal hábito, que te hace aferrarte a dolores y disgustos del pasado, si, presta atención que escribí "del pasado", eso significa que ya fueron, ya pasaron, por lo tanto, no se pueden modificar. Lo que sí puedes hacer es aprender a perdonarte esos errores y eso te permitirá superarlos. Ya no lo tengas en la mente, porque quitan espacio a los pensamientos creativos que ahora predominan para llevarte a la meta elegida. Si has cometido errores en el pasado, corrige tu forma de reaccionar a esas situaciones que te ponen a prueba y usando de las emociones la manera correcta lograrás que no vuelvan a repetirse.

Acostúmbrate a mirar hacia adelante, a lo que tiene enfrente ahora, porque eso es lo que debes encarar y manejar ahora, para conducirlo de la mejor forma posible y llegar a tus metas. Recuerda que tampoco estás solo, si tienes miedos, puedes compartirlos con un ser querido o con un profesional que te ayudarán a superarlos y levantarte lleno del poder que necesitas. No creas que eres el único que atraviesa por situaciones penosas, muchos lo hacemos a diario, sin embargo, dejar el hábito de sentirse una víctima y sustituirlo por el sentimiento de ser capaz de lograr lo que nos proponemos es mucho más saludable para nuestra autoestima y nos ayuda a mejorar cada día más.

Recuerda a cada instante que tu futuro es brillante, que sólo debes pulir algunas asperezas pequeñas perseverando, manteniéndote motivado y encaminando tus emociones y pensamientos hacia lo que positivamente te ayudará a llegar al éxito.

CÓMO OBTENER MEJOR SALUD

El concepto de mejorar tu salud puede haber tomado fuerza en algunos momentos de tu vida, pero por una cuestión u otra ha pasado a segundo plano hasta desaparecer completamente de tus pensamientos. Mejora la salud es una meta que debe permanecer siempre a nuestra vista, porque el cuerpo es el vehículo que utilizamos para llevar adelante todas las actividades que nos permitirán llegar al éxito de ver cumplidas nuestras metas.

Al hablarte de cuidar tu salud, no me estoy refiriendo solamente a desarrollar abdominales que semejen una tableta de chocolate, con el torso repleto de cuadrados ni tampoco a conseguir unos brazos de bíceps marcados al estilo de Rocky Balboa, sino que me refiero a tener una perfecta salud que abarque no sólo tu cuerpo, sino también el ámbito mental y emocional. El cuerpo ha sido desarrollado de tal manera que es una unidad de esos tres elementos y deben mantenerse los tres en buen estado para que nuestra mente pueda enfocarse en el cumplimiento de su misión especial y en el logro de los propósitos que nos hemos fijado.

En la mayoría de los casos, la gente opina que hacer dietas extremas y mantenerse en un bajo peso corporal es mantener y cuidar de su salud, sin embargo, déjame decirte que no es lo correcto. Una dieta debe ser equilibrada, lo cual implica no solo el consumo de vegetales, sino que debes dale a tu cuerpo el aporte requerido de hidratos de carbono, grasas, y azúcares, porque todos estos elementos ayudan a algunos órganos a mantener su perfecto funcionamiento. Y eso es lo que buscas cuando quieres mejorar tu salud, que todos los órganos reciban lo que necesitan, porque todos forman un mecanismo perfecto que es el cuerpo humano.

Tomar el control que es necesario para cuidar de la salud no requiere grandes esfuerzos ni lleva mucho tiempo, tal vez debas incorporar algunos hábitos más saludables, como ejercitarte un poco cada semana o mejorar tu calidad de sueño. Pero las ventajas que obtendrás en tu calidad de vida serán notorias. Podrás prevenir enfermedades graves, eliminar el estrés y mejorar tu autoestima. En muchos casos, por increíble que te parezca, el mejorar la postura que tienes cuando te sientas o cuando estás de pie, mejora no sólo la posición del esqueleto, sino que también evita que se sobrecarguen tendones y músculos que en pocas horas te harán sentir dolor de cintura o hasta jaquecas severas. Ya ves que no todo se reduce a las dietas extremas de comer sólo verduras. Ya te he dicho antes que nada en tu vida debe ser un gasto inútil, todo debe ser una inversión para obtener los mejores dividendos que te den una vida placentera y feliz. Ahora te explicaré algunos pasos a seguir para mejorar tu salud de forma sencilla y sin sacrificios, tu nivel de energía aumentará y también se verá mejorada tu autoestima, porque ya no te sentirás pesado y sin fuerzas, necesitas cambiar algunos hábitos y superar algunas concepciones que han surgido estos últimos años, pero en lugar de investigarlo a fondo o consultarlo con un profesional, se adoptan las dietas de las revistas como si fueran frases dictadas por la deidad del bienestar.

DIETA SALUDABLE:

Una alimentación saludable favorece los procesos internos de cada órgano, por lo que es necesario tener en cuenta que todos los alimentos consumidos en su justa medida son esenciales para nuestro mantenimiento en óptimo estado.

Salvo en casos especiales, como personas que tienen diabetes o son alérgicos a los productos que poseen gluten, deben seguir dietas específicas, cuidando su alimentación según lo indicado por el médico. Pero los que aún podemos consumir azúcares, no debemos quitarlas de nuestra dieta, ni tampoco erradicar un buen plato de pasta recién hecha, porque ambos alimentos poseen sustancias que son importantes. La justa cantidad de hidratos de carbono que te aporta dos rebanadas de pan o un plato de tallarines, hace que tu aparato digestivo cuente con el aporte ideal para fabricar una buena mucosa que prevendrá problemas digestivos o malestares intestinales. El azúcar provee los glucósidos necesarios para alimentar el cerebro, ya que la glucosa se convierte en energía pura para que el cerebro trabaje de forma efectiva.

Algo muy importante es no pasar muchas horas sin alimentarse. Hay personas que sólo almuerzan para no ganar peso, y sin embargo no notan cambios. Esto es natural. El metabolismo se adapta según la regularidad con que le aportas alimento. Si sólo comes una comida al día, el metabolismo se hace muy lento, ya que debe mantener el cuerpo alimentado durante muchas horas en las que no se le aporta nada. Es por eso que los nutricionistas aconsejan hacer colaciones pequeñas entre las cuatro comidas fundamentales, porque al estar aportando más alimento, el metabolismo se acelera, porque sabe que en un par de horas recibirá algo más de aporte nutricional, y se hace más rápido, asimilando menos grasas, porque ya no necesita hacer acopio de sustancias para mantener al cuerpo, entonces es cuando se empieza a bajar de peso.

En todas las revistas de moda te aconsejan consumir grandes cantidades de fibra, pero la fibra sólo sirve para darle movimiento al intestino, no aporta la cantidad de nutrientes necesarios para el organismo. No bajarás de peso, hasta es posible que aumentes unos kilos, pero es seguro que irás al baño como un reloj. Lo ideal es agregar frutas y alimentos frescos. Un secreto que me enseñó un gran médico de mi ciudad, muy famoso, es aprender a combinar la comida. Por ejemplo, si hoy consumes pollo a la plancha, procura que la comida que acompañe también esté cocida, como una ensalada de patatas hervidas o tal vez algo de arroz, mientras que, si consumes los platos orientales, tan de moda hoy en día, donde se come merluza o camarones fileteados crudos, deben ser acompañados por ensaladas crudas, como lechuga fresca, tomates o zanahorias ralladas. Te preguntarás por qué el Dr. me dió este consejo. Pues para evitar el malestar y la pesadez estomacal después de comer. Cuando se consumen carnes blancas o rojas o pescados cocidos y se acompañan con ensaladas frescas, el hígado debe trabajar el doble, ya que tendrá que fabricar encimas para la comida cocida y encimas para la cruda, en cambio si comemos todo cocido o todo crudo, el hígado trabaja menos, porque sólo debe fabricar encimas para un solo tipo de cocción. Nuestro cuerpo es una maquinaria perfecta y podemos ayudarlo con estas sencillas decisiones a trabajar menos y eso redundará en sentirnos mejor y evitar ciertos malestares.

HIDRATACIÓN:

Como ya te he comentado antes, nuestro cuerpo está formado por un 70 % de agua. Durante el transcurso del día, mucha de esa agua se pierde cuando orinamos, traspiramos y una gran parte es utilizada para oxigenar la sangre y mantenerla en movimiento, para que fluya con libertad por todo el cuerpo. Esa es la razón por la que los profesionales aconsejan tomar al menos dos litros de agua al día (algunos estudios indican que la proporción correcta es 1 litro de agua por cada 25kg de peso). Tal vez esa cantidad te parezca demasiada, pero puedes aportarla bebiendo de a sorbos, antes de tener sed, ya que cuando sentimos sed, es porque el cuerpo nos indica que estamos deshidratados. Todo es cuestión de acostumbrarnos a consumir agua y dejar un poco las gaseosas de lado porque no son buenas para la salud por el exceso de azúcares, colorantes y conservantes, es decir, productos químicos.

Seguramente habrás escuchado que a alguien se le hinchan los pies o las manos, ¿le has preguntado si consume dos litros de agua por día? Estoy seguro que te responderán que no lo hacen. Y aquí se vuelve a demostrar la perfección del cuerpo, ya que para conservar el agua que necesita, empezará a retener agua en las piernas o en las manos.

Es por eso que es tan necesario mantenerse hidratado de la manera correcta. La mejor forma de empezar a controlar cuanto líquido consumes hasta que hagas el hábito, es conseguir una botella de medio litro de alguna gaseosa, la lavas bien y la vuelves a llenar de agua potable, cuando se termine, recién vuelves a llenarla. Así podrás controlar que tomas cuatro de esas botellitas durante el día. No olvides lo importante que es tomar agua, simplemente agua.

Te haré una pregunta sencilla, ¿Cuándo te ensucias las manos te las lavas con agua, con té, gaseosas o aguas saborizadas? Las lavas con agua limpia. Lo mismo es en el interior del cuerpo, necesita agua limpia, que no requiera esfuerzo del hígado o del duodeno para eliminar las sustancias que desfiguran esa agua. Por eso es importante poder aportarle agua pura.

Si practicas alguna actividad física, debes consumir un 15 % más de agua, porque lo importante es mantener la hidratación óptima. Como te he comentado es algo sencillo de hacer y sólo es cuestión de crear el hábito saludable de tomar agua pura varias veces al día.

ACTIVIDAD FÍSICA:

La actividad física debe ser algo importante a tener en cuenta para mantener un esqueleto fuerte, una buena circulación sanguínea y sobre todo conservar nuestra masa muscular, que se debilita al tener poco movimiento.

Hay una infinidad de actividades físicas para realizar y que se adaptan a todos los organismos. La natación y los acuaerobics son interesantes porque ayudan a fortalecer los músculos y a evitar la osteoporosis. Se puede optar por una actividad más intensa como asistir a un gimnasio y practicar pesas, no te asustes, en su mayoría son ejercicios hechos con las llamadas biomáquinas, un sistema de poleas que evitan que el cuerpo sufra lesiones por levantar peso. También se puede practicar yoga o empezar por caminatas cortas de cinco o seis minutos y paulatinamente ir expandiendo el tiempo. Lo ideal es que vas a empezar a oxigenar todas las células de tu cuerpo, el sistema óseo se fortalecerá y recuperarás masa muscular, dándole más salud al organismo en general.

Los estiramientos y elongaciones son de las mejores prácticas. Fíjate en tu mascota, ya sea gato o perro, no hace ningún tipo de práctica especializada, solo hace estiramientos de sus miembros, estira las patitas, la columna y se mantiene en excelentes condiciones a pesar de tener más de 10 años. También puedes elegir ir a una academia de baile y aprender a bailar algún ritmo en especial. Toda actividad es valedera.

La gran variedad de prácticas de ejercitaciones saludables te abre un abanico de oportunidades, se adaptan a todas las edades y a todo tipo de patología que hayas adquirido por el paso del tiempo. Lo importante es empezar a moverte. Dejar el diván durante una hora te hará ver muy buenos resultados en pocos días.

Trata de acostumbrarte a tomar una buena postura corporal, no te sientes encorvado y cuando estés de pie trata de mantenerte erguido, enderezar la columna y levantar el mentón. Notarás que tu cuerpo ya no se contractura tan fácilmente y dejarán de afectarte los dolores de espalda o de cabeza que generalmente provienen de la mala postura que le damos al cuello. ¡Pruébalo!

DESCANSO ADECUADO:

No siempre te das el tiempo suficiente para tomar un descanso reparador. Al hablarte de descanso adecuado no sólo me refiero a pasar más tiempo sentado mirando televisión, sino a que tomes el hábito saludable de acostarte un poco más temprano y aprendas a descansar lo necesario. No me estoy refiriendo a que te acuestes a las 8 de la noche, sino que trates de que no se haga medianoche antes de ir a descansar. El cuerpo necesita al menos entre 7 a 8 horas de descanso. Cuando duermes, hay partes del cerebro que también descansan y el cerebro es lo que más debemos cuidar, porque es el centro de comandos de todas nuestras actividades.

Toma el hábito de acostarte a una hora razonable, si estás acostumbrado a permanecer despierto hasta la medianoche, toma el hábito de leer unos momentos en la cama antes de dormir, el cuerpo empezará a relajarse y en poco tiempo ya el sueño te impulsará a apagar la luz y dormirte. Si tienes que levantarte por la noche para ir al baño, hazlo, vuelve a acostarte y relájate, despeja tu mente de pensamientos, concéntrate en la respiración y volverás a dormirte en seguida.

La falta de sueño afecta todos los ámbitos de la vida, empezando por el laboral, porque al estar agotado no rindes como sabes que puedes hacerlo. Tu potencial está siendo cubierto por el cansancio que se va acumulando. También el cuerpo se va afectando, aunque no lo creas la falta de un buen sueño durante la noche estimula las hormonas del apetito, por lo tanto, te costará más regular la cantidad de comida que debes consumir. El cerebro pierde la capacidad de concentración y el sistema inmunológico se ve afectado en la producción de anticuerpos. Un buen descanso, dormir lo que es necesario te aporta beneficios que tal vez no habías tenido en cuenta, pero son fundamentales para mantener un estado físico, mental y emocional óptimo. Cuando duermes poco, te sientes más irritable y todo te cae mal. El descanso es primordial para todos los aspectos que conforman nuestro actuar diario.

Todo en la vida del ser humano son hábitos. Sólo debes intentar cambiar los hábitos que te van afectando en tu desempeño por hábitos más saludables.

DESCONECTAR LA MENTE DEL TRABAJO:

Sé que esto te parecerá imposible, sobre todo si tienes una gran carga de actividades o si se han presentado situaciones que requieren tu máxima atención. Pero es fundamental darte un descanso de las preocupaciones del trabajo diario para sólo disfrutar.

Mi método es muy sencillo, cuando llego a casa, frente a la puerta está el clásico felpudo donde nos limpiamos los pies del polvo de la calle, me hago a la idea, mientras paso los pies por el felpudo, que estoy despojándome no solo del polvo sino también de todos los problemas y preocupaciones del trabajo. Cuando entro a la casa, ya estoy sin polvo y sin preocupaciones. Al menos las horas que esté en casa trato de que sean agradables y fundamentalmente que no estén todos mis pensamientos empañados por las preocupaciones del trabajo.

Poder desconectarnos unas horas te dará una mejor vista de los inconvenientes o preocupaciones cuando vuelvas a la rutina del trabajo, encontrarás que no eran tan graves como imaginaste y con la mente despejada y tranquila encontrarás una mejor solución. Como todo, es cuestión de dejar el hábito de envolvernos en los problemas del trabajo las 24 horas del día, unas horas en las que te despejes del afán ayudarán a tomar mejores decisiones y te libran del estrés y la depresión que pueden atacar en el momento menos pensado.

En la época que vivimos, donde todo parece apresurado, nuestras agendas están completas de actividades y tenemos obligaciones financieras ineludibles, aprender a encontrar espacios en los que podamos dedicarnos a nosotros mismos, darnos una mejor alimentación, ejercitarnos, dormir mejor y despojarnos por unas horas de las preocupaciones del trabajo te predisponen de manera positiva para emprender tu camino al éxito del logro de las metas que te hayas propuesto.

COMO TENER MEJOR ESPRITUALIDAD

Es casi seguro que en algunos momentos de tu vida sientes la falta de motivación, que ya no disfrutas las cosas como antes, tienes la sensación que tus emociones son limitadas y sin la alegría que deberías sentir, crees que no tienes un propósito especial para sentirte agradecido. En estos momentos, lo que más estás necesitando es permitir que crezca tu espiritualidad.

Los seres humanos somos seres duales, compuestos por un espíritu o alma que son pura energía y por un cuerpo físico. Y ambos requieren atención para sentirte pletórico de vida. Cuando olvidas que tu espíritu necesita atención es cuando empiezas a perder de vista lo importante que es la vida y comienzas a decaer, sintiendo que falta algo, y te dejas sumergir en ese estado de abulia que sólo socaba tu estima y tu felicidad.

Esos momentos son en los que tu Ser interior te está pidiendo atención. La disciplina en estos momentos es muy importante, ya que te ayudará a tener un estilo de vida que equipare no sólo el aspecto físico sino también el espiritual, desarrollando ambos al mismo tiempo. Hay algunas cosas que puedes practicar en casa para mejorar tu espiritualidad y entonces encontrarás también la estabilidad que estabas perdiendo. La salud espiritual es tan importante como la salud física.

Tomar el hábito de meditar es aprender a darte tiempo para

encontrar tu espíritu y escuchar sus requerimientos. Es cierto que todos tenemos distintas inclinaciones espirituales, porque nuestro interior resuena más con algunas ideas que con otras y eso está bien, porque todos somos seres individuales, cada uno con una personalidad distinta.

La meditación, la introspección te ayudará a reconocer que es lo que espiritualmente te hace sentir mejor, puede ser que te surja la necesidad de orar o de escuchar música relajante, participar en las actividades de algún templo o simplemente dedicarte a aprender a desarrollar tú mismo tu propio Ser interior mediante la meditación y los pensamientos positivos.

No existe ningún medio tecnológico ni científico que se aplique para desarrollar la espiritualidad. La gente, en masa, no puede sentarse a ver una serie de televisión que les ayude a todos a descubrirla y fortalecerla. El desarrollo de la espiritualidad es una disciplina personal, que necesita cierto grado de dedicación y de práctica que te harán avanzar cada día un poco más hacia experiencias que serán subjetivas, propias de cada ser humano, esas experiencias son profundamente personales. Puedo comentarte mi método, tal vez te sirva, pero lo más seguro es que no se adapte completamente a tu Ser interno, porque somos personas completamente distintas, aunque compartamos las mismas ideas, nuestra emociones y pensamientos más profundos difieren mucho.

Es fundamental que comprendas que espiritualidad y religión son cosas completamente distintas, se puede ser muy espiritual y no profesar ninguna religión y eso también es una elección completamente personal, en la que nada ni nadie puede llegar a influir.

El engrandecer la espiritualidad tiene más que ver con descubrirte a ti mismo, descubrir el sentido del entorno en el que estas inmerso, comprender el Universo y su relación contigo y fundamentalmente el llegar a descubrir el poder interno que posees y cuál es su verdadero significado.

Hay muchas y muy variadas técnicas para conocer nuestro Ser interior y permitirle empoderarse y permitirle desarrollarse en todo su potencial. Definir tu propia espiritualidad no es tarea fácil, sin embargo, te ayudará investigar las diferentes técnicas que existen, la que más resuene contigo, la que más sienta tu intuición que puede ser favorable para ti, esa será adecuada para comenzar. Tal vez con el paso de los meses, escuches de otra técnica que te atraiga más y desees ponerla en práctica. Eso es natural. Has estado fortaleciendo tu crecimiento interior y necesitas seguir avanzando a otro método más profundo. Es como cuando terminaste el primario y elegiste el colegio secundario con la orientación que en ese momento te pareció la más adecuada para tu futuro, pero fuiste aprendiendo muchas materias nuevas, y entre ellas, alguna comenzó a llamarte más la atención entonces cuando comienzas tus estudios terciarios eliges otra orientación académica porque es la que más se adapta al aumento de tus conocimientos.

Sin embargo, mi consejo es comenzar por una reflexión personal, meditar que es lo que te define, cual de tus experiencias es la que más te representa y encontrarás la forma de encaminar tu espiritualidad de la manera correcta. Para poder meditar, basta con tomar tres o cuatro respiraciones profundas, centrando tu atención en la respiración, sentir como entra y sale el aire de tus pulmones y tratar de conectar con tu ser interior, porque es el que tiene las respuestas que estás buscando.

El desarrollo espiritual es muy semejante al método que usaste para desarrollar tu disciplina. Requiere una práctica constante, porque es una habilidad que crece con la práctica. A muchas personas le ayuda rezar, a otros meditar, todo depende de tus preferencias personales.

Hay algunas maneras de desarrollar la espiritualidad, y es por ejemplo ayudar a otros, ya sea de manera económica, o con trabajo o simplemente compartir con ellos algo de tu tiempo. Vivir una vida saludable ayuda a tu actividad espiritual, no olvides que eres un ser dual, la unión de un cuerpo físico con un alma, por lo tanto, tu cuerpo debe estar bien atendido y cuidado para que tu espíritu pueda también desarrollarse. Si, ya sé, estarás pensando por ejemplo en La Baba Vanga, esa vidente europea que perdió la vista y desarrolló el poder de ver el futuro, pero eso fue porque no se encadenó a la falta de vista, ella sobrellevó ese momento y se adaptó rápidamente a su nuevo estado, dejando de alimentar la carencia de visión, fue entonces que se habilitó la otra visión, más remota y completamente espiritual.

El cuidado de nuestro cuerpo físico debe ser paralelo al cuidado del espíritu, porque uno no puede sobrevivir sin el otro en este plano en el que te mueves. Ese es uno de los problemas de la actualidad, los medios, las redes y todo lo que consumimos ponen énfasis sólo en el aspecto físico ideal y de esta forma se deja de lado el aspecto espiritual. Aprender a confiar en nuestra propia intuición te permitirá fluir de manera natural hacia tu desarrollo espiritual. Te dará la confianza de conocerte a ti mismo y poder fluir de manera más natural de forma positiva, esto permitirá tu mayor crecimiento con ser integral, un ser compuesto de alma y espíritu, al mismo tiempo tu mente comenzará a expandirse en nuevos conocimientos que te llevarán a descubrir facetas tuyas que ignorabas. No te limites, prueba distintas técnicas, encontrarás la que mejor se adapte a su Ser interior. Las actividades artísticas en general ayudan mucho al desarrollo espiritual porque están más dirigidas por sentimientos nobles que despiertan emociones que estaban escondidas. Busca dejar de estar pendiente de las opiniones ajenas y enfócate en ti mismo. Este es el momento en el que debes centrarte en ti, pero no me estoy refiriendo a que busques un cambio de look o renueves tu vestuario, sino a que te dediques tiempo a ti mismo como ser que posee un alma, enfócate en tu interior y no le prestes tanta atención a lo que muestras exteriormente. La exploración interna o introspección es un método infalible para conocer lo que está dentro tuyo, o que realmente necesita tu espíritu para crecer y alcanzar un nuevo estadío de grandeza.

Busca luego de los ejercicios de respiración enfocarte en encontrar tu consciencia interior, tu equilibrio, el lugar donde dentro tuyo todo es calma y quietud. Date tiempo para conectarte con el planeta, formas parte de él. Cuando se descubrió el genoma humano, lo que más llamó la atención de los científicos fue el hecho de que la tercera hélice del genoma es igual tanto en la tierra, como en el agua, en los humanos, piedras, animales, gusanos, insectos, etc. Se llegó a la conclusión de que esa hélice en realidad significa que todos pertenecemos a este planeta, estamos interconectados genéticamente con el planeta Tierra, somos parte de él y la Tierra es parte nuestra. Para que tu espiritualidad crezca debes conectarte con la naturaleza, hasta el bicho más repulsivo, como un alacrán, comparte el mismo genoma, o sea que también pertenece a este planeta y aunque muy muy lejanos, somos parientes porque vivimos en el mismo lugar. Date tiempo de disfrutar del aire libre, de la vegetación, admira la minúscula belleza de las alitas de una libélula, acaricia a tu mascota, aprende a valorar las piedrecillas que adornan los canteros en las veredas, todo es parte de la naturaleza y está conectado contigo físicamente por la genética, ahora debes intentar conectarte con ellos de manera espiritual.

Conozco una persona que nunca pisa ni siquiera una hormiga, pensarás que su jardín está destruido, lleno de insectos y de hormigas que se hacen un festín cada día, pues no, he sido testigo de que con gran dulzura les pidió a las hormigas que se retiraran de sus plantas porque las dañaban y eso les producía dolor. Increíblemente, visité a esa persona tres días después y las hormigas habían desaparecido. En realidad, hicieron el hormiguero en una zona del jardín donde no había plantas ornamentales sino simplemente hierbas y césped y entre las hierbas buscaban su alimento. Pero fíjate la importancia de esta corta anécdota, esa persona, está tan conectada con la naturaleza que solo les pidió que no atacaran a sus plantas favoritas y las hormigas respondieron corriéndose de lugar.

Quedé maravillado, le pregunté dónde estaba el secreto, y me contestó que el desarrollo espiritual te conecta a todo ser vivo y fue por esa razón que los insectos respondieron rápidamente a su pedido.

Su método personal fue cambiando, pasó por diversas disciplinas, pero siempre creciendo espiritualmente hasta llegar a conectarse tanto con todo ser vivo. Eso requiere práctica, porque como ya te dije antes, la espiritualidad se desarrolla como la disciplina y la voluntad, se hace crecer mediante un ejercicio continuo.

Es fundamental que mantengas en tu mente la idea del libre albedrío. Todos somos libres de elegir como pensar y que método espiritual elegir para crecer. Puedes compartir tus experiencias, pero no debes tratar de imponerlas como la única valedera o la mejor, porque cada uno descubrirá en su interior la que mejor se adapte a su forma de ser. Si tú has ido probando varias, a medida que fuiste creciendo espiritualmente, debes permitir que los demás también tengan esa libertad de elegir por donde comenzar para llegar a despertar su Ser interior.

Ya te has explorado antes para descubrir tus talentos y habilidades, pues entonces aprovecha esas capacidades y ponlas también a trabajar para tu crecimiento espiritual. Seguramente algunos podrán sacar provecho de tus experiencias y los ejercicios que practicas para empoderar tu alma, compártelo con los que desees, pero no lo impongas como la única verdad, porque el libre albedrío debe respetarse sobre todas las cosas.

Y ahora llegó el momento más importante, llevar a cabo la tarea más importante, que es el ser consciente de tu actividad espiritual. En todo momento debes estar atento, porque la intuición se irá desarrollando al mismo ritmo que tu alma, sin embargo, su voz es tan suave, que puede ser que te parezca que sólo fue una idea que cruzó tu mente y no le prestaste mucha atención, pero en poco tiempo descubrirás que esa idea se cumplió tal y como se te había "cruzado por la mente", esa fue tu intuición hablándote. Desde este momento presta atención consciente a esas ideas que cruzan tan fugazmente. Es que tu crecimiento espiritual está a pleno crecimiento y si redoblas la apuesta, practicando más seguido llegarás a sentirte libre de todo tipo de manipulación externa, completo como Ser, sentirás la energía y el valor que hay en tu interior.

BENFICIOS DE LA MEDITACIÓN Y CONCENTRACIÓN MINDFULLNESS

Se llama Mindfulness a la técnica de la atención plena en el momento presente. El mantente siempre conscientes en el momento actual, que es lo que te permite aceptar la realidad tal y como se presenta, porque eres conscientes del aquí y ahora.

Ya brevemente te he comentado algo, que lo más importante es el momento presente. El pasado ya pasó, nada se puede cambiar respecto al pasado y el futuro es algo que aún no llegó, pero que podemos construir con nuestras acciones actuales. Cuando hablo de dejar atrás el pasado, no me refiero a que lo ignores como si nunca hubiera sucedido, sino al hecho de que no te aferres al pasado y que no pierdas tu valioso tiempo juzgándolo, porque ya pasó y nada lo puede cambiar. El estar diciéndote "si hubiera hecho tal cosa, el resultado hubiera sido distinto" no sirve para nada más que para seguir envuelto en el pasado. Eso te retrasa en tu avance. No deja que mires adelante con la frente en alto. Todos los seres humanos hemos cometido algún error o nos hemos equivocado, pero de nada sirve el encadenarse a eso. Lo que realmente sirve es mantenerse consciente del momento presente. El hecho de ser consciente de lo que estás pensando, controlar tu mente para mantenerla enfocada es la mejor forma de crecer en todos los aspectos y llegar a las metas que te has propuesto, obteniendo el éxito que deseas, ya sea en el aspecto financiero, laboral, espiritual, mental o social, es lo que debe importarte ahora. Mantenerte fijo en el presente, implica que construirás un futuro que ya has planificado cuidadosamente cuando te fijaste las metas a lograr. Fijar tu mente en el aquí y ahora significa darle valor al momento presente y poner toda tu energía en desconectarte del pasado que te mantiene atascado en el mismo lugar y emprender un cambio de paradigma en tu vida que te permita mejorar todos sus aspectos.

El mindfulness tiene su origen en la psicología budista, que se basa en detectar las oportunidades que la vida te ofrece a diario sin dejarte someter por el miedo o los prejuicios que puedan surgir y que son meras creaciones de la imaginación que aún no está encaminada hacia el logro de tus metas.

El mantener la consciencia plena de tus pensamientos y actos en cada momento permite que evalúes de manera rápida si estas actitudes son positivas o no. Es la mejor forma de desarrollar las actitudes saludables y reforzarlas, manteniendo los pensamientos en el ámbito de lo positivo y con el autocontrol de cambiarlos y orientarlos correctamente cuando se desvían hacia el camino de los temores y lo que no es productivo. El mantener la conciencia en el aquí y ahora te ayuda a enfocarte en las metas que te has propuesto y seguir el plan de acción de forma acertada.

Estoy seguro que muchas veces te habrás sorprendido que mientras estás realizando cualquier acción, ya sea trapear el piso, lavar el coche o simplemente pelar unas patatas que empiezas pensando cómo cambia el clima desde la mañana a la noche y terminas envuelto en un recuerdo de tu pasado que tal vez no fue agradable pero que momentáneamente te llena de emociones que te perturban y te arruinan el resto del día, y lo que es peor, te apartan del positivismo que tenías para ir en búsqueda de cumplir las metas que te has fijado.

El mindfulness puedes aplicarlo a la vida diaria de una forma sencilla, sin embargo, requiere el esfuerzo de ejercer disciplina sobre ti mismo para vencer esos comportamientos descontrolados y mantener tu mente, tus pensamientos en la dirección correcta. El autocontrol que te permite esta disciplina es ser consciente de tu entorno y principalmente de tu interior, prestando atención a las emociones que experimentas. Debes mirar lo que sucede alrededor, pero manteniéndote con atención plena en el momento presente, sin dejar que lo que ves te envíe a recuerdos pasados que ya no tienen solución. Esa es la importancia del ser consciente del aquí y ahora.

Debo reconocer que al principio cuesta mantener los pensamientos en el camino correcto, pero con disciplina y voluntad se logra. Nuestra mente es una creadora compulsiva de pensamientos. Los científicos aseguran que una mente normal produce 60 mil pensamientos por día, y a muchos de ellos les permitimos que se salgan de control y se vayan encadenando hacia el rumbo equivocado, provocando una oleada de emociones que afectan negativamente todo el trabajo que hemos estado realizando para llegar a las metas y objetivos que nos fijamos.

Para mantenerte en atención plena del momento presente, practicar la meditación en un lugar cómodo y tranquilo, es ideal. Fija tu atención en tu respiración, siente tu cuerpo y empieza a prestar atención a tus pensamientos, no los reprimas, no los juzgues, simplemente déjalos fluir y obsérvalos, imagina que eres un peatón parado esperando que pasen todos los vehículos para poder cruzar la calle, de la misma forma, observa como pasan tus pensamientos, no te fijes a ninguno de ellos, déjalos que corran, si sientes que empiezas a aferrarte a un pensamiento vuelve a prestar atención a tu respiración y sobre todo no empieces a juzgarte, los seres humanos tendemos a ser muy críticos con nosotros mismos, y ahora estas tratando de tomar el control, por lo que debes dejar de lado las críticas.

Los beneficios de esta meditación es que te permite liberar tu mente de pensamientos inútiles, reduce el estrés y sus efectos negativos sobre el organismo como la ansiedad, la depresión y los dolores crónicos que surgen por prestarle demasiada atención y permitirle que se arraigue a nosotros. Esta meditación es muy apropiada para regular el ritmo cardíaco y aumenta la producción de anticuerpos que te favorecerá la autodefensa del cuerpo ante las enfermedades. Mejora grandemente tu calidad del sueño, dormirás con un sueño profundo y reparador.

Todos estos beneficios se notan en pocas semanas. Se recomienda practicar el mindfulness tres veces a la semana, pero en poco tiempo más notarás que lo estarás practicando a diario, en todas tus actividades. Es una actividad interesante porque te permite probar lo que significa tener el control de tus emociones.

BENEFICIOS DE LA MEDITACIÓN CON PROPÓSITO

La meditación es un entrenamiento consciente que realizamos para fortalecer no solo la mente sino también nuestro corazón para lograr la libertad emocional que nos permitirá crecer en todos los aspectos personales en los que sentimos que es necesario hacerlo.

Si bien se asocia la meditación con las tradiciones orientales, hay variantes en todas las ramas de la religión, que la denominan de diferentes formas, pero en realidad son meditaciones cuyo objetivo principal es aquietar tu mente, aprender a gestionar tus emociones para darle la dirección correcta y de esta manera controlar las emociones que nos embargan a diario.

A través de técnicas específicas, la meditación se resume como la aplicación de técnicas que te ayudarán a despejar la mente, relajarte, apártate momentáneamente de los problemas en los que te dejas envolver y que tal vez no son tuyos, pero los terminas asociando a tu vida permitiendo que perturben tu paz interior. Con la meditación se puede trabajar para superar diversos aspectos de la personalidad ya que te proporciona el control personal para aprender a superar los miedos, los dolores físicos, las preocupaciones que aparecen en la vida y que en la mayoría de los casos no son tuyas, sino que provienen del entorno.

Las técnicas específicas para practicar la meditación son muy variadas, aunque todas tiene un mismo objetivo que es lograr la relajación de la mente y el cuerpo de forma tal en que logres ser el que tome las decisiones sin permitir ser impulsado por lo que te rodea y al mantener la consciencia, aporta la posibilidad de llegar más rápidamente a la solución de todo problema que afecte tu bienestar. Si bien en el budismo se orienta principalmente a conducir al Ser interior a superar los aspectos negativos de la personalidad y las emociones que producen como son la envidia o la vanidad, el orgullo y determinadas costumbres que se han asentado en tu personalidad, como el hábito de criticar, quejarse o sentirse victimizado para justificar la actitud que tomas antes ciertas situaciones, también se aplica la meditación en el cristianismo, cuando las personas hacen su acto de constricción que en definitiva es el autoanálisis de los actos realizados, igual sucede en el islamismo y el hinduismo. Por eso te comentaba que tiene muchos nombres, pero su verdadero fondo es la meditación orientada al autodescubrimiento de lo más oculto dentro de tu Ser interno.

El mindfulness, aunque se enfoca en mantener la atención plena en el momento presente y su principal idea es desarrollar la capacidad de mantenerse consciente de lo que está en tu mente, tus sentimientos y lo que te acontece hoy, también tiene como propósito el detectar esos hábitos negativos que producen comportamientos que afectan la toma de decisiones y el actuar diario.

Cualquiera sea el método que adoptes para llevar a cabo tus meditaciones, debes procurar que sean un hábito diario. El aprender a darte unos minutos al día para reconcentrarte en tu interior y descubrir en lo más profundo de tu ser tu verdadera misión de vida, tus dones y lo que debes cambiar para poder llegar a cumplir lo que deseas, debe ser un hábito diario. No es necesario que una meditación dure horas. En lo personal siempre lo consideré imposible. La mente es una gran productora de pensamientos, que surgen de forma tan aleatoria que empiezas enfocándote en lo que deseas conseguir y terminas pensando en una batalla épica sin sentido. Sin embargo, el mantenerse enfocado algunos minutos es mucho más fácil y productivo, ya que te aseguras el mantener la mente en lo que estás buscando sin permitir que la mente se disgregue en pensamientos vagos.

Entre los principales beneficios de meditar es entrar en la calma absoluta de tu ser. Durante unos minutos al día te permites relajarte del movimiento constante del día, te permites descansar de los afanes, liberar la mente de problemas, lo que supone un gran descanso y que te llevará a liberarte del estrés acumulado dándote las herramientas emocionales necesarias para afrontar las situaciones diarias, también mejora tu capacidad de concentración en un tema específico, ya que a diario vas entrenando tu mente a mantenerse fija en un solo tema, cualquiera sea el que hayas elegido para meditar. Ese entrenamiento va facilitando el hábito de mantenerte enfocado en un tema sin divagar en otros que te aporten emociones negativas y te aparten de lo que estás buscando. El beneficio importante que surge de la meditación es la toma de consciencia de tu actividad mental ahora, eso mejora grandemente tu memoria, cuando dejas que tu cuerpo se relaje, los músculos reciben una mejor irrigación sanguínea y los dolores provenientes de las contracturas desaparecen, tal vez no has caído en la cuenta del hecho de que esas contracturas provienen de la tensión diaria a la que te ves sometido, cuando meditas permites que esa tensión se afloje completamente dándole el descanso momentáneo a los músculos y tendones. La mejora del sueño será lo primero que notarás, porque al adquirir la costumbre diaria de relajar tu cuerpo, al acostarte, de manera inconsciente empezarás relajando el cuerpo y sin nada que te mantenga en una posición rígida podrás dormite más rápido y más profundamente. Por supuesto, no puedo dejar de mencionarte las mejoras que obtiene tu cerebro con la meditación, el cerebro aprenderá a controlar no solo tu cuerpo, sino que también entrará en control de las emociones, dándote la posibilidad de manejarlas de manera más efectiva.

No vas a convertirte en un nuevo ser humano, sino que mediante la meditación quitarás de tu personalidad lo que no es beneficioso y podrás sacar a relucir tus mejores cualidades, porque no te estarás desconectando de ti mismo para convertirte en otro ser, sino que estás abriendo la puerta para que asome tu verdadero Ser interior, conectando con tu verdadera identidad, con tus pensamientos más profundos, con tus dones y habilidades.

La mejora que la meditación aporta al cuerpo físico y a la mente permitirá que dejes de lado lo superfluo para enfocarte en mantener la atención en tu actuar diario de manera consciente y obtendrás la habilidad de encontrar soluciones a los variados inconvenientes que se presentan en la vida, pero ahora lo harás de forma relajada, sin tensión, con la certeza de que enfocarás tus pensamientos en la solución perfecta. Cuando se aprende a meditar a diario se adquiere la posibilidad de mantenerse relajado sin permitir que el mundo exterior te afecte y desarrolle sentimientos negativos que te hacen sentir mal.

Esa relajación hace que el cerebro produzca hormonas de mejor calidad y todo el organismo se ve beneficiado ya que su funcionamiento general mejora notoriamente. Cuando meditas, puedes darle un objetivo concreto a la meditación, por ejemplo, el desarrollar una mejor memoria y rendir mejor en los estudios, en el trabajo, o meditar para mejorar tu salud, también puedes enfocar en superar las ideas erróneas que provocan el nacimiento de los miedos que son los principales paralizadores del accionar de la personalidad. Puedes meditar para mejorar tu situación económica, o para mejorar tu situación de pareja. El darle un objetivo a la meditación te ayuda también a mantener el enfoque a no disgregarte en pensamientos inútiles. Puedes meditar de forma consciente en tus metas propuestas, en el próximo paso de tu plan de acción e ir organizando como lo llevarás a cabo.

Cuando meditas, la mejora emocional será sorprendente. Porque serás capaz de dominar los pensamientos que antes surgían sin control y ahora de manera consciente les darás la dirección necesaria para obtener las metas elegidas y llegar al éxito. Las emociones sueles dispararse de forma incontrolada cuando no se tiene conciencia del momento actual, permites que cualquier cosa que suceda en el entorno te afecte y las emociones surgen repentinamente, con la meditación diaria aprenderás a contener la ira y a expresar tus ideas de forma más efectiva sin caer en el enojo o en la sensiblería de las lágrimas que disminuyen tus sentimientos y te hacen caer en la depresión.

Con la meditación se logra reconfigurar el cerebro orientándolo a mantener pensamientos positivos y engrandecedores, no importa si estás atravesando un momento personal muy duro, lo podrá enfrentar con mayor tranquilidad encontrando las mejores soluciones. Los últimos estudios científicos han demostrado que cuando se practica la meditación diaria se favorece el crecimiento de la materia gris, que es el área del cerebro responsable de encontrar soluciones y dirigir las emociones. Cuando te digo crecimiento de la materia gris, no me refiero a que crezca en tamaño, sino que se amplían las interconexiones neurales, y se ponen en funcionamiento áreas de la materia gris que hasta ahora estaban en desuso.

También han comprobado los científicos que la meditación produce un mejor desarrollo de la amígdala, una glándula ubicada en la parte inferior del cerebro y que está destinada a controlar el miedo y el estrés que se produce ante los temores que nos cercan cada día. Escoger en qué se va a meditar cada día permite enfocarse más en el aspecto que deseas mejorar y ello te conduce más rápidamente a la obtención de las metas que te has puesto.

La verdadera magia de la meditación es que te proporciona la consciencia de ti mismo. Te ayuda a dejar de pensar cosas sin sentido para dirigir tus pensamientos al logro de tus objetivos. Puede ser que medites a diario durante varios meses en un solo objetivo, hasta que te sientas seguro de estar encaminado correctamente hacia ese punto.

Aunque te parezca increíble, meditar no sólo puede hacerse sentado a lo buda y permanecer en silencio, en posición estática con las manos apoyadas en tus rodillas. Cada uno posee una personalidad distinta, por lo que muchos encontramos que nos es mejor meditar mientras practicamos algo de jardinería o mientras hacemos una caminata o cuando escuchamos música. La meditación no solo se puede llevar a cabo mientras estás sentado, la puedes practicar de la forma en que mejor te sientas, porque no es una actividad o posición física, sino que es una actividad mental. En cualquier momento, por ejemplo, mientras lavas el coche puedes reconcentrarte en tu ser interno, respirando profundamente varias veces y fijar tu mente en el objetivo que deseas desarrollar o en el aspecto de tu personalidad que quieres cambiar. La meditación se puede realizar en el momento que desees. Llegará un momento en que sin darte cuenta estarás meditando en tus metas de manera casi continua, porque con la práctica serás consciente de ti mismo en todo momento.

Otra gran virtud de la meditación es que mejora exponencialmente tu claridad mental y tu memoria. La disminución de la memoria con el paso de los años, sin embargo, no sólo disminuye la memoria por la edad, sino que muchas veces los mayores no les prestan atención a ciertas cosas inmediatas y se cree que su memoria ha disminuido, pero en realidad es que al no estar conscientes del momento actual no prestan atención a los pequeños detalles como apagar la hornalla de la cocina o cerrar la puerta con llave. La meditación como medio ideal para fortalecer el mantenerse consciente del momento actual mejora esos detalles y la memoria de los mayores mejora, porque se enfocan en mantener la conciencia en lugar de dejar que la mente se disgregue en pensamientos del pasado o pensamientos inútiles o llenos de temores.

Otra gran virtud de la meditación es lograr el control del dolor. El dolor proviene del sistema nervioso central. Cuando te encuentras sometido a situaciones estresantes lo más seguro es que sientas algún dolor o incomodidad en alguna parte del cuerpo. Pero muchos de esos dolores tienen su origen en las emociones que al desbocarse producen esa sensación de molestia. Con la meditación puedes reducir la presencia del dolor y controlarlo obteniendo una gran mejoría en tu calidad de vida. Si mantienes tu atención fija en la zona en la que sientes molestia, lo lógico es que sentirás más dolor aún porque tu mente está fija en ello y tu consciencia está en el dolor. Cuando meditas adquieres la capacidad de controlar esa sensación molesta y el dolor se verá disminuido de forma notable.

Si son tus primeras veces meditando puedes buscar en la red alguna meditación guiada, en la que el maestro o facilitador te irá guiando de manera efectiva. Con la práctica ya podrá lograrlo solo, elaborando tu propia técnica de meditación integrándola a tu vida diaria para mejorar tu calidad de vida.

COMO FORMULAR LAS METAS

En determinados momentos te pones a analizar cuales fueron tus metas durante estos últimos meses, si lograste llevarlas adelante, cuanto tiempo dedicaste a cada una y los caminos que emprendiste para lograrlas. Algunas metas que te has fijado eran de plazo corto, es decir para cumplirlas en cuestión de días o tal vez semanas, mientras que otras ya cuando las fijaste sabías que serían a largo plazo y conllevarían un trabajo constante, el ir cumpliendo metas pequeñas que al final derivarían al cumplimiento de esa meta final. No importa en realidad si tus metas son pequeñas o plenas de grandes expectativas, el obtenerlas te llena de sentimientos de logro y valor, de amor propio engrandecido y aprendes a valorar tu capacidad para obtener aquello que te propongas. Si bien poner en funcionamiento el plan de acción para obtener la meta propuesta puede parecerte abrumador al principio o que tal vez no se mueve de la forma rápida que habías previsto, el mantenerte de forma constante y consciente en conseguirla te hará darte cuenta que eres capaz de obtener lo que desees.

Casa objetivo que te propongas se basa en lo que realmente deseas ver manifestado en el ámbito de tu vida. Las metas en sí son los elementos por los que da inicio la acción de iniciar el proceso necesario para alcanzarla, buscando la forma ideal de llegar a ella, planificando cada paso que darás y que siempre estará orientado hacia conseguirla, pero es fundamental que mantengas el compromiso íntimo de lograrla. Todas tus actividades deben estar orientadas a obtener ese objetivo. Necesitas mantenerte enfocado, eso sí, procura que sean metas alcanzables, que puedas efectivamente llevarlas a término sin depender del azar o de circunstancias que pueden no acontecer. Por lo tanto, al buscar las metas y fijarlas debes ser consciente de los recursos que posees y la posibilidad efectiva de ponerlos en movimiento para llegar a su cumplimiento.

Te pongo un ejemplo, deseas vender tu casa para poder comprar una mejor en un mejor barrio, pero debes poner toda tu atención en que la casa esté en las mejores condiciones para sacarle el mejor beneficio posible, debes publicar en todos los medios disponibles, que la has puesto a la venta, harás un cartel llamativo que atraiga las miradas de todos para que sepan que esa propiedad está en venta, es decir que, si deseas algo, debes poner algo de tu parte para lograrlo. De nada vale decir quiero vender la casa para comprar otra en un barrio mejor si no haces más que comentarles a algunos conocidos que la estás vendiendo. Si tienes una meta, esta debe ser acompañada por las acciones necesarias por tu parte para poder lograr el objetivo que te has propuesto.

Cuando te fijes metas, sabes que deberás poner todo de tu parte, no solo en las actividades que debes llevar a cabo para conseguirlas, sino también mantener la consciencia en lo que estás deseando, mantenerte enfocado, organizarte y comprender que deberás actuar en consecuencia para el cumplimento de esa meta.

COMO PREPARARSE PARA LAS METAS PODEROSAS:

Cada vez que te planteas una meta, no solo entran en funcionamiento tus acciones, sino que también se ponen en movimiento tus pensamientos y emociones, cada vez que entablas una conversación contigo mismo, debe orientarse a la meta y la forma de acceder a ella. Para que una meta sea poderosa, debes potenciar tus actitudes y pensamientos al máximo orientándolas siempre a su logro. Supongamos el ejemplo anterior, en el que deseas vender la casa y comprar otra con una mejor ubicación, no permitas que la mente se fije en los aspectos negativos, como que la economía está mala a nivel general, que te ofrecerán un pago muy por debajo del que tu solicitas y es realmente justo, esto provoca solo el surgimiento de emociones negativas que irán socavando las bases que has preparado para llegar a vender la casa. La mente como gran productora de pensamientos y emociones es una gran creadora de posibilidades que si permites que se dirijan hacia los aspectos negativos impedirán que pongas tu atención en la venta de la casa. Debes estar seguro de ser capaz de cumplir tus metas, mantenerte consciente de las habilidades y talentos que posees y ponerlos en funcionamiento, para que trabajen en tu provecho, en lugar de ser una barrera que te impida avanzar hacia tu meta.

A través de las meditaciones has aprendido a controlar las

emociones. Oriéntalas a los aspectos positivos, no dejes que tus pensamientos vuelvan al sentido de frustración y fracaso. Cuando medites hazte una representación clara de lo que deseas, visualiza la obtención de la meta propuesta y sigue las acciones que organizaste para llegar a ellas. Para asegurarte que tienes éxito, empieza por fijar metas que sean lo más específicas posibles, que puedas distinguir claramente que las estás logrando, trata de no entrar en conflictos interiores o con tus allegados, por ejemplo, por desear cambiar de barrio, debes procurar que tus metas sean posibles y que no se vean afectadas por las ideas de la gente que pertenece a tu entorno. Todo pensamiento negativo puede afectar tus decisiones y hacerte tambalear en la meta que te has fijado.

Trata de delimitar un tiempo para el cumplimiento de las metas de corto y mediano plazo y dedícales el tiempo necesario para llevarla a buen puerto. No te dejes ganar por la procrastinación de "esto lo haré mañana o pasado", ponle la dedicación necesaria, porque te has fijado un tiempo para cumplirla. Muchas veces ayuda mucho el anotarlas en tu diario personal y releerlas varias veces al día, al menos cuando te levantas a la mañana para mantener la mente enfocada en la meta que deseas y cuando vas a dormir, para que queden fijas en tu subcosciente mientras duermes. El subconciente es un aspecto de nuestra mente que actúa trabajando para traer a la realidad aquello en lo que fijas tu atención. Si al momento de ir a dormir le fijas la mente en tu meta, el subconsiente trabajará durante tu tiempo de descanso en traer esa meta a tu vida. Habrás escuchado infinidad de veces que muchos tenían problemas que no sabían cómo resolver, y durante la noche, mientras dormían dieron con la solución exacta para solucionar esa circunstancia, por eso es importante que leas tus metas antes de ir a dormir. El inconciente se convierte en tu aliado incondicional.

El establecer estrategias y métodos para obtenerlas permite enfocar tus acciones hacia la obtención y el trabajo que deberás realizar para lograr tu cometido. Estos pasos de ejecución se irán completando uno a uno para llegar al final deseado. Cuando quieres escalar una montaña no lo haces de buenas a primeras, sino que organizas una ruta e imaginarás la forma efectiva de escalarla para llegar a la cima. De la misma forma, cundo te planteas una meta, organizarás las estrategias necesarias que te llevarán a la cima del éxito.

COMO CONVERTIR TUS METAS PODEROSAS EN UNA META IRRESISTIBLE:

Cuando fijas tus propósitos, llenas tu mente del deseo de obtenerlas, al dirigir tus pensamientos a la obtención de estas, tus emociones tomarán su lugar convirtiéndolas en lo más deseado y eso contribuye a que se constituyan en algo irresistible que una vez obtenido te llenará de satisfacción y deseos cumplidos.

Mediante la introspección conoces tu Ser interno y has identificado tus dones y debilidades. Debes poner a trabajar la disciplina para engrandecer los dones y fortalecerlos y hacer lo que sea necesario para superar las debilidades y también hace que se pongan a tu servicio. Mantente enfocado no sólo en quien realmente eres sino también en lo que estás deseando alcanzar. Trata de enfocar de a una meta por vez, no intentes cumplir varias al mismo tiempo, porque la atención se pierde en divagaciones que solo te harán perder tiempo. Se constante, mantén tu consciencia en la obtención de una meta por vez. Aprende a dirigir tu mente de la forma adecuada, no permitas que el temor al fracaso tome lugar en tus pensamientos. Administra tus pensamientos de manera en que todo sea una inversión para llegar a donde deseas, no te permitas gastar tu energía en pensamientos negativos inútiles. Sé constante y revisa tus planes de acción a menudo, porque puede suceder que debas cambiar alguna estrategia más efectiva y sé perseverante, no te dejes convencer por el medio en el que te desenvuelves, te conoces íntimamente y sabes de lo que eres capaz; deja los malos hábitos, sal de tu zona de confort y dirígete a crear una conducta que te mantenga orientado a la acción consciente de la ejecución de los actos necesarios para obtener tus deseos.

Cuando medites, valora tus metas y cuando las cumplas medita en la capacidad con que la llevaste a buen término. Date el valor que mereces. Empieza a poner en funcionamiento los engranajes que te llevarán al cumplimiento de la siguiente. Cada meta que vayas cumpliendo te darán la pauta certera de lo capaz que eres de conseguir los objetivos que te propongas. En la medida en que eres consciente de tus habilidades, te sentirás libre de elegir metas cada vez más elevadas porque ya has aprendido que si te dedicas de lleno puedes logra lo que te propongas.

CÓMO TENER METAS ASOCIADAS A IMÁGENES
FIJARLAS EN EL SUBCONCIENTE

El subconsciente es de gran ayuda para tu vida. En general lo ignoras, pero tiene el poder de cambiar tu vida y hasta tu profesión. Muchas veces te habrás sentido impotente, frustrado al no conseguir encontrar las soluciones adecuadas, o al no poder localizar efectivamente los recursos que necesitas, pero lo que ha sucedido en esos casos es que has buscado las respuestas a tus necesidades en el lugar equivocado. Siempre te diriges a tu mente racional para analizar las posibles oportunidades de traer algo a la realidad. Cuando surge algún problema lo primero que piensas es en analizarlo de manera racional, lógica, buscando la mejor manera de solucionarlo, la costumbre, el hábito de dirigirnos a la mente racional e ignorar todas las otras capacidades con las que hemos sido dotados y que no sólo se encuentran en el ámbito de la razón. Sin embargo, posees un arsenal completo de armas adecuadas para hacer frente a cualquier circunstancia, solo debes aprender a ponerlas en funcionamiento y aprender a usarlas para sacar el mayor provecho posible. Esta herramienta tan valiosa permanece oculta y si bien la hemos oído nombrar, siempre la evocan de forma negativa, eso se debe a que no sean como hacer que funcione de forma adecuada para que se convierta en el mejor aliado para lograr tus metas.

El subconsciente tiene su sede en nuestro cerebro emocional, de él sólo conoces una parte casi insignificante, lo demás permanece oculto y tu trabajo es terminar de sacarlo a la luz y ponerlo a tu servicio.

La mente subconsciente es el lugar donde habita nuestro Súper Yo o también conocido como el Yo Superior. Su función es dominar todas nuestras emociones, en el subconsciente tienen su residencia la creatividad, la memoria, la capacidad que poseemos de visualizar e imaginar creativamente, la capacidad de soñar. En el subconsciente se almacenan todas las experiencias que has adquirido durante tu vida, tus creencias, las programaciones que tienes, tus convicciones y hasta las opiniones que posees sobre los temas más diversos. En el subconsciente tienen nacimiento los pensamientos, que ya habrás notado que cuando no les prestas atención surgen de manera aleatoria, pero siempre están presentes, así mismo en el subconsciente tienen su origen las emociones, los hábitos y las costumbres que son los principales componentes de tu vida.

Actualmente han surgido disciplinas orientadas a activar ese subconsciente para poder ponerlo en actividad al 100 por ciento. El coaching y la programación Neuro lingüística son las más usadas con el objeto de poner en funcionamiento esta parte de nuestra mente y hacer de su uso un hábito constante. Tu felicidad, tu plenitud y el equilibrio que te hacen sentir una persona completa tiene su centro en el subconsciente, que si le permites que empiece a actuar de forma controlada te ayudará a obtener las metas con el menor gasto de energía posible.

¿Pero que son las imágenes subconscientes? Son un cúmulo de imágenes vinculadas a las ideas y experiencias que has adquirido a lo largo de tu vida y en base a ellas se crea la realidad de lo que estás viviendo hoy. Si prestas atención, todo lo que tienes, lo que está incorporado a tu sistema de creencias son imágenes que no vienen de tu mente racional, sino que provienen del subconsciente.

Cuando realmente deseas cambiar el paradigma de tu vida, cuando quieres experimentar un cambio radical, una transformación completa y perseguir tus metas hasta cumplirlas, lo que necesitas es cambiar las imágenes subconscientes, sobre todo aquellas que se refieren a tus logros personales. Esto lo conseguirás dirigiendo tu energía para trabajar de lleno en el crecimiento personal de una forma disciplinada, para poder crear nuevas imágenes que te llevarán a conseguir las metas que persigues. Eso sí, debes tener constancia y determinación y te sorprenderá que algunos cambios ocurran de forma tan rápida que no podrás creer que ya se haya hecho una transformación.

Crear imágenes subconscientes positivas consiste en entrenarse de forma continua en el poder de la visualización. La visualización es la puerta de ingreso al subconsciente y una vez que te adentras en él sólo debes poner a trabajar tu imaginación para manifestar la vida de tus sueños. Algunas manifestaciones son muy rápidas, en otros casos, cuando permites que tu mente instale la duda, puede llegar a tardar un poco más, pero indefectiblemente el subconsciente traerá a tu vida el deseo que estás imaginando.

Crear nuevas imágenes subconcientes puede llevar algo de tiempo, porque tu mente no está acostumbrada a visualizar e imaginar de forma efectiva, sin embargo, como todo, puede aprenderse a hacer de la manera correcta para que te ayude a atraer el bienestar y el éxito a tu vida.

¿Pero cómo poner en funcionamiento al subconsciente? Él trabaja mediante el uso de imágenes y sentimientos, y aunque hasta ahora tal vez le estés dando un uso mínimo, estoy seguro que muchas veces lo has puesto en práctica durante tu vida. La forma de ponerlo a funcionar es visualizar imágenes que se relacionen con tus metas ya cumplidas, por ejemplo visualizar a un familiar o a un amigo que te felicita por tu logro, esas imágenes son las que actúan como un gatillo y provocan la reacción física que atraerá su cumplimiento, agregar a esta imagen en la que estás siendo felicitado, los sentimientos de satisfacción por haber llegado a tu meta, hace que el subconsciente "sienta" que el haber llegado al cumplimiento de tus objetivos es una realidad, ya que no solo cuenta con la visualización del acto imaginado sino también con las emociones de haber triunfado en tu cometido. Al creer que ya es algo real, el subconsciente hará lo posible para que sea una experiencia real, por lo tanto, pondrá en funcionamiento a la ley de atracción para que eso que estas disfrutando como ya conseguido se haga manifiesto en tu mundo.

El secreto no es imaginarte en busca de tu meta, sino visualizarte como que ya lo has conseguido, sentirte feliz por haber cumplido tu propósito, imaginar que te felicitan por haberlo logrado. Hacer estas visualizaciones antes de dormirte, permite que queden en el subconsciente y este tendrá varias horas mientras duermes para hacer que el universo y la ley de atracción se pongan en marcha para manifestar eso que tu imaginaste y sentiste como ya cumplido.

Las antiguas tradiciones orientales y en los estudios de la Kabalah se consideraba al subconsciente como el mejor sirviente para llenar todos tus deseos. En realidad, es la parte de tu mente que crea y manifiesta aquello en lo que has fijado tu atención y tus emociones, mientras que los científicos lo consideran la fuente primordial de la creatividad, te ayuda a resolver los problemas y en diversos estudios se ha demostrado que cuando ponemos en uso al subconsciente la creatividad aumenta de forma exponencial.

La mejor forma de acceder a tu subconsciente es mediante el ensueño dirigido. Es un estado en el que te encuentras entre la vigilia y el sueño, tu cuerpo se encuentra completamente relajado y pones tu atención únicamente en tu mundo interno, en ese momento es cuando empiezas a usar tu imaginación, debes crear una visualización donde no te veas a ti mismo desde lejos, sino que veas como te ves normalmente desde tu propio punto visual, si imaginas que alguien te está felicitando, ves que tu mano toma la mano de tu amigo feliz y sonriente te extiende, y por supuesto sientes las emociones correspondientes que tendrías en ese momento.

Para los momentos en que estás en actividad física puedes escribir algunas ideas o metáforas que estimulen tu convencimiento de ya estar viviendo el hecho deseado porque ya ha tenido lugar y principalmente deja de expresarte con dudas o con negativas. Estás inculcando a tu subconsciente la realidad imaginada como que ya está aquí, por lo tanto, tus palabras deben siempre orientarse al hecho ya logrado, al triunfo que has obtenido y tus pensamientos deben ser positivos. Cuando medites, visualízate en el éxito aquí y ahora. Relájate, imagínate ahora con esa meta cumplida, visualízate en esa nueva realidad, de esta forma el subconsciente cree que estás feliz porque has obtenido lo que deseas y como te sientes lleno de emociones agradables y triunfadoras, hará lo posible por cumplir lo que estas imaginando y sintiendo y en poco tiempo verás que tus metas se hacen realidad.

COMO DOMINAR EL MIEDO

El miedo en realidad es una emoción primaria, el ser humano la posee desde los albores del nacimiento de la humanidad, porque en las primeras eras, el miedo lo prevenía de los peligros y lo ayudaban para la sobrevivencia. Es una emoción completamente normal. Cualquier amenaza a tu seguridad hará que sientas miedo, si bien es sano sentir miedo porque te ayuda a sobrevivir determinadas situaciones, el permitir que esta emoción se sobredimensione termina afectando el desempeño completo de tu vida. Así como el miedo se adapta para huir ante situaciones que puedan amenazar tu seguridad y te sirve para reaccionar rápidamente para mantenerte a salvo, pero puede llegar a convertirse en un problema serio que te limite cuando permites que entre a dominar todos los aspectos de tu vida, en esos casos ya no es una ayuda, se convierte en un obstáculo que te lleva a las desventajas de no animarte a emprender algo nuevo por miedo, termina por convertirse en un problema psicológico al que se le debe poner ciertos límites para que tu vida no se vea estancada.

Cuando permites que el miedo tome el mando de tu vida, no solo afectará tu desempeño diario laboral y emocional, sino que puede provocar afecciones físicas cono ataques de ansiedad que afectan seriamente la salud cardiovascular de las personas. También te pueden llevar a la depresión, porque el vivir con miedo hace que no te sientas capaz de afrontar las situaciones que se presentan y te sientes desvalido ante ellas. Pasa de ser una protección contra posibles amenazas a convertirse en una reacción llena de emociones negativas que afectarán todos los aspectos de tu vida. Si el miedo se prolonga, eso deteriora el sistema inmune, debilitándote y dejándote a la merced de cualquier virus, bacterias, etc.

Cuando permites que el miedo tome un lugar preponderante en tus pensamientos corres el riesgo de impedirte a ti mismo llegar a cumplir tus metas. Déjame recordarte que muchos de tus miedos no existen, no son reales, sólo están en tu imaginación y crees que pueden afectarte, cuando en realidad no se han presentado. Ya hemos hablado de vivir en el aquí y ahora, de tener consciencia de los pensamientos y del presente. Cuando notes que miedos infundados empiezan a tomar dominio en tus pensamientos, cambia el pensamiento a algo más agradable. Cada día debes enfrentar disitintos riesgos, dominar habilidades nuevas, construir relaciones, es decir que a diario te ves inmerso en nuevas actividades que te llevarán a explorar cosas nuevas a conocer nueva gente y eso puede llenarte de temores.

El miedo a no ser lo suficientemente bueno para hacer algo es lo que más te afecta a diario. En la vida actual, la gran interconexión global que hay, nos bombardea de la idea de que eres exitoso si posees una gran casa, un coche último modelo, si eres joven o de una belleza destacada, cosas que tal vez piensas que no posees, pero olvidas que lo más importante no es lo que se muestra en el exterior, sino lo valores que tiene cada persona.

Sin embargo, lees en los diarios y en línea que ser una persona exitosa y de valor se reduce a sólo los aspectos materiales y a la juventud. Todas esas concepciones erróneas en las que estas sumergido te hacen sentir miedo de fracasar por no cumplir con las "medidas sociales que se requieren". De esta forma el miedo se va extendiendo a los demás ámbitos de tu vida provocando el miedo al fracaso, creyendo que no eres lo suficientemente bueno para superar los desafíos que surgen.

Esto invariablemente te llevará a tener miedo de llegar de forma exitosa a tus metas y no hay barrera más infranqueable que el temor. El miedo paraliza, domina los pensamientos y se expande a todos tus proyectos. La importancia de dominar los miedos es lo que permitirá que la vida se nos muestre como algo que sí podemos afrontar con coraje. Muchas veces te habrá sucedido que sientes que no eres capaz de sobrepasar un límite, pero recuerda que esos límites los has fijado en tu mente, nada de lo que te propongas es imposible, y aquí el mindfulness y la meditación juegan un papel muy importante para poder dominar esos temores que van acumulándose.

El miedo a fracasar proviene de la baja autoestima, por distintas situaciones que te han tocado atravesar. Comenzaste a llevar un manejo erróneo de tus expectativas, tal vez tomaste el hábito de depender de otros para llevar a cabo cualquier actividad, esos pensamientos de dependencia y esas conductas son la base de miedos que en realidad tienen muy poco fundamento. El miedo a fracasar usando tus propias fuerzas son una distorsión que no es real. Para superar el miedo al fracaso debes darle prioridad a reconocer tus propias emociones. Si logras identificar que emociones son las que inician el proceso del miedo a fracasar, le puedes hacer frente de manera efectiva. Negándote a aceptarlas como ciertas. Empieza por analizar la situación de la que partes cuando empieza a surgir el miedo, explora la realidad de esa posibilidad, ve si realmente temes fracasar por ideas incorporadas por el entorno o si son miedos imaginados. El miedo al fracaso es bastante general, se debe identificar qué es lo que motiva ese miedo, cuando identificas el punto de partida del temor, es cuando puede ponerle solución, porque cuando conoces cual es la fuente de tu miedo es cuando encuentras también las herramientas que te ayudarán para superarlo. La motivación juega un papel muy importante en la superación de los miedos. Fortalecer la motivación que te impulsa a llegar a tus metas contribuye a que te mantengas enfocado alejando tu atención de los temores. Ten en cuenta que la motivación puede ser interna o externa, pero si es interna, hazla prosperar meditando en esa motivación. Busca la ayuda del subconsciente, imagínate poderoso, lleno de coraje para enfrentar lo que sea, siente que no tienes límites que te detengan, siente la emoción de llevar adelante tus objetivos y lograrlos.

Busca potenciar tu empatía. Puede ser que haya cometido algún error en el plan de acción que te organizaste para cumplir tus metas, pero no lo asumas como un fracaso que te impedirá lograrla, empatiza contigo mismo, date la oportunidad de aprender de ese error y volver a intentarlo. Todos tenemos fallas, somos seres humanos y estamos en este plano para aprender, pues entonces aprovecha este aprendizaje, inténtalo de nuevo y déjate experimentar la humildad de volver a hacerlo, el ser humano no es infalible, ni nadie nació sabiendo, aprende las cosas no solo a través de tus triunfos sino también aprende de tus fracasos. De esa forma sabrás exactamente como sobrellevar una situación semejante en el fututo. Puede ser que tu ego se sienta resentido, pero no le permitas que instale en ti la sensación del fracaso. Tienes muchas habilidades que pueden colaborar para convertirte en un triunfador. Identifícate con los retos y en lugar de permitir que se instale el miedo, implementa nuevas claves para seguir con tu estrategia hacia tus objetivos.

Implementar nuevas estrategias es parte de la búsqueda de las metas propuestas, recuerda que antes te mencioné la posibilidad de tener que cambiar el plan de acción, no sólo por errores de cálculo sino también por interferencias externas, por lo tanto, no tomes todo como culpa tuya y no te aferres al temor al fracaso.

Cada vez que notes que tus pensamientos vuelven a caer al mismo tema pregúntate ¿Qué es lo que realmente me impide alcanzar el éxito? Entonces cuando trates de responderte te darás cuenta que lo único que te está deteniendo es tu miedo. El miedo siempre es relativo, porque no es total su ámbito, siempre hay un espacio por donde poder salir sobrepasando ese miedo. Las metas que persigues, si son realistas, tienen menos probabilidades de fracasar, además si evalúas sinceramente los recursos de los que dispones y trabajas en función a ellos, el obtener tus metas será aún más fácil y más se alejarán del fracaso. No dejes que se hagan dueñas de tus pensamientos las ideas derrotistas, ten en cuenta que la exagerada autoexigencia trae como consecuencia altos niveles de frustración, por lo tanto, sigue la planificación que has preparado, revisa si debes hacer algún cambio y sigue adelante en post de tus objetivos.

Los miedos son algo más a superar, suelen surgir de forma inesperada y se tiene miedo de cosas que otros no le darían importancia. No les des más valor del que tienen. Evita que tus pensamientos se queden con los miedos y llévalos al ámbito de lo positivo.

Ya sabemos que el miedo es una emoción básica para la supervivencia, no se puede vivir sin miedo, pero permitir que se adueñe de todas tus actividades daña seriamente tu desempeño social, trae infelicidad y sentimientos que denigran tu autoestima. Tu felicidad y tu bienestar dependen de como manejes el miedo. Si lo dejas crecer sin ponerle limites te privará de oportunidades y te alejará del éxito, es por eso que debe ser controlado y mantenido en equilibrio.

QUE TUS SUEÑOS Y METAS SEAN MÁS GRANDES QUE TUS EXCUSAS O MIEDOS

En el momento en el que decidiste tus metas, escribiste en tu diario o en un papel lo que deseabas conseguir, preparaste un plan detallado a seguir, estableciendo los pasos y la prioridad de las metas, todo eso conformó una organización de acciones que no solo involucran a tu mente sino también a tus emociones. Fijar las metas de plazo corto como las primeras a conseguir, para continuar con las de mediano plazo y finalmente poder llegar a la meta final de largo plazo, fueron preparativos que te impulsaron sobre todo porque sentías que nada pude llegar a detenerte cuando estás determinado a lograr algo.

Los temores y las excusas pueden surgir en cualquier momento, solo debes estar preparado anímicamente para no dejarlos tomar fuerza y apoderarse de tu voluntad. Poner excusas para comenzar algo o para dejarlo por la mitad es sólo un hábito y como tal puede superarse. Solo es una costumbre de escudarte en excusas que no son válidas si persigues un sueño. Los temores como ya te he dicho en su mayoría son parte de algo inexistente, solo lo has imaginado, ocúpate de ellos cuando sean una amenaza efectiva, de lo contrario son solo una excusa para detenerte. Para todo puedes poner excusas y retrasar o dejar de hacer lo necesario, pero puedes cambiar este hábito por otros más saludables y que te orienten a seguir en post de tus metas. Recuerda que posees la capacidad de mantenerte consciente, de enfocar tu mente en el momento actual y prestar atención sólo al aquí y ahora, hasta ahora te has dejado someter por excusas nacidas de tus miedos o de dudas que si las piensas bien, no tienen una raíz efectiva solo son vallas endebles, por lo tanto, no les permitas hacerte creer que no eres capaz de obtener tus metas.

Date permiso a ti mismo para afrontarlas y conseguir aquello que tanto anhelas. Casi todos los seres humanos hemos sido educados con la idea de evitar el fracaso tanto como nos sea posible, porque es malo, produce emociones deprimentes y muchas ideas más que son las que se han asentado en tu mente. Sin embargo, sabes que tu mente es una productora de pensamientos creadores y tu subconsciente está a tu disposición para hacer lo que necesites para que llegues a tus objetivos. Permite que tus pensamientos se liberen de los temores y las excusas. No los dejes anidar, si fijas la atención en ellos las excusas crecerán e irás inventando una nueva cada día, el hábito de procrastinar dejando las cosas para después es muy cómodo, pero te has propuesto nuevas metas y lo que necesitas es emprender el plan que te has fijado y cumplirlo en el tiempo que tenías previsto. Tus metas deben tener más valor que tus miedos o tus excusas.

El triunfo sobre ti mismo te hará sentir una satisfacción increíble. Te sentirás victorioso porque has sido capaz de dejar de lado las excusas y has superado los miedos. Si las miras con detenimiento, si analizas las excusas durante una meditación, verás que en realidad no son obstáculos reales, simplemente son dudas que hacen que surjen en tu interior, los miedos que son los que en realidad te están deteniendo.

Puede ser que te plantees la posibilidad de que no cuentas con el dinero necesario para un emprendimiento que era tu meta, de acuerdo, reconozco que el dinero es importante para llevar adelante algunos actos, también lo necesitas para llevar una vida digna, alimentarte y vestirte, sin embargo, si te falta dinero no es excusa para no intentar llegar a tu meta. A nadie le sobra el dinero, escucharás que fulano o zutano son millonarios, pero esos millones están invertidos en propiedades, negocios o fábricas, no son billetes contantes y sonantes, que tienen guardados en la billetera o bajo el colchón, solo que ellos han aprendido a administrar su dinero de manera que alcance para cubrir todas las necesidades que tienen sin tener que desprenderse de las propiedades.

La excusa depende mucho más de lo que crees del hecho de estar dispuesto a realizar un pequeño sacrificio ahora, en este momento y para evitar hacerlo surge la excusa que te permite posponer de manera indefinida el seguir el plan trazado para lograr tus objetivos. Cuando te pusiste las metas, sabías que debías poner parte de tu esfuerzo y seguramente hacer algunos ajustes para poder llegar a ella. Por eso cuando te fijas las metas a alcanzar debes ser consciente de que algo deberás sacrificar para lograrlas, sabes que deberás poner algo de esfuerzo para conseguirla y para ello cuentas con la disciplina y la fuerza de voluntad que te darán la fortaleza de seguir adelante sin flaquear.

Tampoco te escudes en la clásica frase de "No soy capaz de…" porque cuando te pusiste un objetivo sabías que por pequeño o grande que sea puedes lograrlo y hacerlo funcionar. La frase "No soy capaz de…" surge solo de tus inseguridades y de tus miedos, no es malo decirla ocasionalmente, pero no dejes que se arraigue porque terminarás creyendolo como algo cierto y tú sabes que eres capaz de hacer mucho más que aquello que estás usando como excusa. Lo malo es permitir que las dudas se apoderen de tu mente al punto en el que logren detenerte por completo. Atrévete a equivocarte y si te equivocas tómalo como un aprendizaje, aprovecha esa equivocación para convertirla en algo a perfeccionar en una nueva estrategia que te permita llegar a tu objetivo.

Tampoco tiene validez la excusa de no tener tiempo para dedicarle a tus metas. Los días cuentan con 24 horas y debes aprender a aprovechar el tiempo de forma adecuada. Perder tiempo en las redes sociales es algo que puedes evitar fácilmente, basta con que te fijes por ejemplo sólo diez o quince minutos para dedicarlos a navegar por tus redes y así recuperarás mucho tiempo cada día. Perder tiempo quejándose no lleva a nada. Solo te mantiene inmerso en el sentimiento de tener poco tiempo. No pierdas el precioso tiempo dedicándote a pensar que no alcanzarás a cumplir tus objetivos. Puede ser que tus prioridades no estén organizadas correctamente, piensa en los compromisos que tienen, cuales son indispensables, cuáles son los que puedes dejar para unos días después, organiza tu tiempo, sin quitarle tiempo al descanso.

Aprende a tener paciencia, todos tienen ocupaciones, sin embargo, cumplen sus compromisos, acostúmbrate a ser paciente y no corras, porque las cosas apuradas nunca salen bien.

En muchas oportunidades nuestros sueños o metas van en

contra de lo que nos han enseñado desde pequeños, como lo ideal. Este es el momento de tomar la decisión tal vez más importante de tu vida, pregúntate si eres feliz, si producirás daño a alguien persiguiendo tu meta, si vale la pena tener ese objetivo en mente, y que es lo peor que puede pasar si cumples tu propósito. Muchas veces la sociedad o el entorno nos hacen creer que algo que deseamos está mal o no es como corresponde, habrás leído noticias en las que un octogenario está estudiando en la universidad, te preguntas que tiene eso de malo, pues nada, solo es una concepción de la sociedad que sólo los jóvenes pueden ir a la universidad. Cumplir nuestros sueños y metas no tienen edad, todos podemos proponernos un objetivo, aunque no sea el que todos creen que se vea bien en la sociedad, pero todo depende de la propia personalidad. Si tienes una meta que deseas cumplir, no tienes porqué pedir permiso a nadie, siempre que tus objetivos no afecten a nadie, no hay límites en lo que desees llevar a buen término.

No debes permitir que nada ni nadie critique tus metas, si no afectan a nadie, la opinión de los demás es de ellos, no es tu opinión, tu sabes que es algo que quieres conseguir y pondrás todo tu esfuerzo y tiempo en obtenerlo. En todo caso es tu tiempo, tu esfuerzo en que se deberá usa, por lo tanto, la opinión ajena no tiene por qué afectarte.

Recuerda que nada es imposible, lo único que puede detenerte de llegar al éxito eres tú mismo. Sólo tú puedes ponerte freno ya sea por miedo o poniendo excusas tontas y sin valor. Lo importante es tu deseo, tu valor interior de llegar a ese objetivo buscado. Si te permites pensar que tus metas son imposibles porque tal vez te esté llevando algo de tiempo cumplir uno de los pasos de la estrategia que armaste, eso es solo una excusa y si te escondes tras las excusas y los temores nunca lograrás llegar a ningún objetivo, porque las excusas son la mejor manera de procrastinar y dejar para después algo que tal vez nunca retomes y formaba parte de uno de tus sueños más importantes. Te comenté antes que algunos objetivos pueden llevar más tiempo del previsto, pero cuentas con la disciplina y la voluntad para ejercer la paciencia que sea necesaria e intentar cumplir ese paso para continuar con el siguiente. Ser capaz de creer en lo imposible, te dará la fuerza para hacerlo realidad.

No olvides que tu arma más poderosa, el subconsciente, requiere que lo alimentes con tu deseo, tu imaginación de ya estar en el momento de la meta cumplida y hará que la ley de atracción se ponga en marcha para cumplir tus deseos.

No dejes de vivir en el aquí y ahora, no lleves tu mente a posibles errores o detenciones del futuro, el futuro no llegó, no sabes cómo se va a presentar, por lo tanto, es inútil prestarle atención, y lo mismo sucede con tu pasado, que como dice su propio nombre está en el pasado, y ya no se puede cambiar. Solo ocúpate del hoy, y pon todo tu enfoque en lograr lo que deseas hoy.

Las personas exitosas que creen que lo imposible no existe, son las que mueven el mundo. Cree en ti mismo y conviértete en un triunfador.

MANTENER LA CONCENTRACIÓN
EN LA META SIN PERDER LA CALMA

Entre las estrategias más usadas y más productivas es organizar tu tiempo y gestionarlo de tal forma que puedas obtener los mejores beneficios. No en vano se dice que el tiempo es oro, porque generalmente no le das importancia a tu tiempo, pero tiene mucho valor, por eso el saber organizarte te proporciona un recurso infinito para actuar en pos de tus objetivos.

El tiempo es un recurso finito, el tiempo que pasa ahora no volverá, por lo tanto, organizar tu día es lo más productivo que puedes hacer para poder llevar adelante tus metas. Tu tiempo es tan valioso como tu capital y por lo tanto debes aprender a gestionarlo de forma tal que sea una inversión y no un gasto inútil. Es cierto que todos los seres humanos tienen una concepción distinta del tiempo, algunos consideran que es una pérdida de tiempo el estar concentrado en la búsqueda de una meta determinada, pero eso se debe a que tenemos personalidades distintas y también las metas serán distintas.

Estoy seguro que muchas veces te habrás sentido atascado, sin saber que rumbo tomar o que hacer primero o tal vez hayas sentido que no tienes idea de con qué seguir adelante, esos pocos minutos que transcurren sumergido en ese sentimiento de duda parecen horas, lo ideal es que dejes de dudar y te pongas manos a la obra. No dejes de aprovechar ningún momento por que el temor o la duda aparece de repente. Administrar tu tiempo productivo es aprender a invertirlo de la forma más productiva posible para ti. Una vez que sales de la duda fija tu atención en lo que quieres ocuparte y concéntrate en conseguirlo, sin pausa, pero sin prisa.

Puedes usar una agenda y programar tus tareas de una manera más efectiva, si bien alguna vez debes permitirte cierta flexibilidad en tu calendario de actividades, eso contribuye en realidad a poder manejar el tiempo de manera productiva, porque deberás organizar sobre la marcha las tareas siguientes para cumplir con todas. Buscar intercalar tus ocupaciones, entre aquellas que consumen más energía y las que requieren más concentración te da la oportunidad de descansar la mente y permite un poco de movimiento físico usando la energía, ten otra actividad que te permitirá en la próxima tarea que requiera concentración obtenerla de forma más rápida, porque le has dado un descanso a tu mente. La claridad de pensamiento es esencial al momento de organizar el día. En lugar de ir en coche hasta el lugar donde necesitas llegar, puedes dejarlo unos metros antes o tal vez una cuadra antes y tomarte un pequeño descanso mientras caminas hasta tu destino, eso te despejará y te dará la calma suficiente para encarar esa nueva actividad que planeaste para el día.

Busca la manera de que tu estado emocional se mantenga alto, si algo te perturbó, tómate unos minutos para caminar o para distraerte y llegar a la calma necesaria para emprender la próxima tarea. Aprende a ser paciente contigo mismo, debes darte algo de tiempo para despejarte del quehacer diario, te conoces perfectamente, sabes en qué momento del día eres más productivo, puede ser que creas que por la mañana cuentas con más energía y que por la tarde te sientes más tranquilo cono para poder enfocarte y lograr la concentración necesaria, en base al propio conocimiento que tienes de ti mismo, ve organizando tu día, gestionar el tiempo propio no es tan complicado como se suele creer.

Mantener la concentración mental fija, es un proceso meramente racional, significa que voluntariamente estás poniendo toda tu atención en un determinado objetivo o actividad que estás realizando en ese momento, y para mantener esa concentración dejas de lado una gran variedad de hechos o cosas que pueden llegar a interferir con tu concentración. Mantente atento y concentrado en algo puede llegar a ser difícil, pero no es imposible. Como todo en tu vida, todo es cuestión de práctica. Mantener la conciencia en el aquí y ahora es de gran ayuda para desarrollar la concentración, en poco tiempo de practicarlo notarás que cada vez te es más fácil el mantenerte concentrado en lo que estás haciendo.

Para poder tener una concentración adecuada es muy valioso el darse momentos de descanso, por ejemplo a media mañana, tomas un pequeño descanso para tomar una colación o simplemente salir hasta el balcón o asomarte al jardín unos minutos, lo mismo puedes aplicarlo por la tarde, notarás que cuando vuelvas a tu trabajo, la concentración la obtendrás de manera más rápida porque al darle un pequeño recreo a tu razón, se habrá despejado y volver a concertarte te será más fácil y lo harás de manera más efectiva.

Procura terminar una tarea antes de emprender otra, si vas saltando de una actividad a otra, alguna quedará inconclusa, lo más acertado es empezar y terminar la que tiene entre manos ahora y luego emprender la nueva tarea. Aplica este método a todos los ámbitos de tu vida, procura que se convierta en un hábito saludable el terminar una tarea antes de emprender otra.

Entre mis vecinos hay un señor que toda su familia lo cataloga de "sinfonía inconclusa", sucede que le encanta trabajar con madera, hace artesanías muy hermosas, pero emprende varias tareas al mismo tiempo y no termina ninguna, en estos últimos días estaba haciendo un pequeño barril de algarrobo, pero no supo cómo seguir al momento de fabricar una tapa especial que había diseñado, justo lo llamó la hija para pedirle que a las 5 de la tarde le hiciera el favor de buscar a su nieta de la escuela, él estaba cortando el césped en el jardín, cuando en ese momento tuvo una idea de cómo hacer la tapa que había diseñado, así que se fue a su taller y se puso a cortar madera, cuando sonó la alarma, dejó lo que estaba haciendo para ir a buscar a la niña a la escuela, cuando salía se dio cuenta que había dejado la podadora en la vereda y el césped a medio cortar, guardó apresurado la máquina y se fue a buscar a su nieta. Por la noche su esposa se rió mucho, porque el jardín estaba medio podado y no logró terminar la tapa de barrilito. Ese es un claro ejemplo de emprender varias tareas al mismo tiempo y no terminar ninguna.

En el caso de tener varias cosas que hacer, una buena planificación te ayudará a ordenar tu tiempo, pero emprende de a una tarea por vez, de esa forma podrás terminarla más rápido y luego podrás poner toda tu concentración en llevar a cabo la próxima tarea.

Algo que te puede ayudar es es trabajar en una mesa o en un

escritorio y no llevarte la computadora a la cama, el dormitorio es para dormir, no tiene otra función. Si debes trabajar, busca una mesa cómoda para ello. El simple hecho de estar trabajando en la cama, te trae la idea de que es hora de descansar y poco a poco vas perdiendo la concentración hasta que apagas la computadora y te dejas llevar por el sueño. Pero esto no es bueno, porque estás afectando dos actividades que son importantes, primero afecta tu trabajo porque pierdes la concentración de forma muy rápida y segundo quitas tiempo a tu descanso que es primordial para tener un buen desempeño al día siguiente. Se suele poner en práctica un ejercicio muy sencillo, pero ya sabes que como todo es cuestión de práctica, todo se puede lograr mediante ella. El ejercicio se llama cinco más. Consiste en darte cinco minutos más de concentración en la tarea que estás llevando adelante ahora., por ejemplo si estás haciendo las cuentas de la casa para tener los papeles ordenados al momento de pagar los impuestos, date cinco minutos más en esa tarea, o si estás leyendo un libro del cual debes presentar un resumen, date cinco minutos más en esa lectura, de esta forma vas habituando al cerebro a trabajar cinco minutos más de lo previsto en los cuales debe mantenerse concentrado, debes probar este ejercicio, es muy útil.

Por lo general llevamos un ritmo de vida que resulta insano, casi frenético, todos a tu alrededor están apurados, nadie puede esperar, parecería que la vida se les acaba si hay dos personas delante en el cajero automático. En esos momentos debes tomar un par de respiraciones profundas y tratar de entrar en calma, llenar tu mente de la idea de una relajación que te repondrá de los afanes diarios. Si vives estresado por tener que cumplir horarios en el trabajo o tienes una fecha muy cercana de entrega en la universidad o tal vez tienes un compromiso ineludible con un familiar y te asalta de repente la idea de ¿Por qué a mí?, ese es otro momento ideal para respirar profundamente varias veces y centrarte nuevamente en el aquí y ahora, entra en calma. Mantener la calma significa ejercer la paciencia, tener tranquilidad para enfrentar todas las situaciones, hacer las cosas con serenidad y por supuesto tener la emoción del optimismo de lograr esta paz interna tan necesaria.

La falta de calma te produce tensión no solo a nivel mental sino también a nivel físico, que puede traducirse en dolor de hombros o de piernas. Por lo tanto, enfrentar todas las circunstancias ajenas a ti con calma te favorecerá el bienestar físico mental y emocional que necesitas para afrontarlo. El optimismo es fundamental.

En lugar de enfocarte en rezongar por la pérdida de tiempo que tienes, tómalo con calma y optimismo, velo como un pequeño descaso antes de continuar con tu próxima tarea. De todas formas, debes esperar que los dos clientes antes que tu, sean atendidos, por lo cual enfócate en lo próximo que vas a llevar adelante y esa calma que sientes en ese momento, trata de aplicarla en todas tus actividades. Nadie te corre, puedes tener tranquilidad y llevar adelante todas las actividades que habías previsto. Busca el lado positivo de todo y toma las cosas con buen humor, mantente tranquilo y logra la paz interior, es un beneficio que te será muy útil en distintos aspectos de tu vida.

PACIENCIA PARA OBTENER RESULTADOS

La palabra paciencia está compuesta por dos palabras que la forman. Pas y ciencia, esto significa que es la ciencia de la paz. Aprende a tener paciencia y todo estará a tu alcance, porque tener paciencia es lo más importante para tener resultados que llenen tu vida de positividad, bienestar, una saludable salud emocional y hasta mejores relaciones con los demás. La sociedad actual está impulsada por el apuro y la urgencia de hacer y obtener las cosas en el menor tiempo posible, nadie espera a nadie y nadie espera nada. Si algo se retrasa, ya lo consideran inútil y sin servicio válido. Estás tan acostumbrado a seguir en la corriente de la sociedad, que quiere todo lo más rápido que sea posible, pero esto trae consecuencias en tu estado anímico que seguramente no te has fijado., surge una tremenda ansiedad, cuando seguramente eso que deseas tan urgentemente no es algo completamente útil y absolutamente necesario para tu vida. Sin embargo, la sociedad te ha inculcado la idea de urgencia.

Muchas veces habrás escuchado que la paciencia es una virtud y es seguro que la habrás necesitado en varias oportunidades. La paciencia es la capacidad de poder esperar con buen ánimo y sin caer en la desesperación. Tener paciencia es un don que en su origen hacía referencia al individuo que tiene la capacidad de soportar una situación en que los nervios lo hubieran vuelto loco si no tuviera esa gran virtud. En pocas palabras te lo puedo resumir como que la paciencia es la cualidad que nos ayuda a soportar los estados alterados. Soportar hace referencia a poder atender situaciones de forma más tranquila.

La paciencia está directamente relacionada a la calma y a la tranquilidad. Es una visión contraria a la desesperación y a los nervios alterados. No quiero significar que tener paciencia signifique que actúes de forma pasiva, sino que intentes razonar la situación en la que te encuentras y aplicar esta virtud para que no afecte tu Ser interno. Cuando no ejerces esta virtud, la ansiedad toma formas que pueden llegar a ser desproporcionadas, tus emociones se salen de cause, provocando estados que te afectan hasta el punto de alterar el sueño y como consecuencia el buen descanso que necesitas. La paciencia está más relacionada con el autocontrol que con la pasividad de respuesta.

Cuando te pido que seas paciente en tus emprendimientos, no te estoy pidiendo que pasivamente dejes todo como está, sino que pongas a trabajar esta cualidad que te enseña a fluir con los acontecimientos que vives a diario, pero siendo responsable de las actitudes con las que afrontas esas circunstancias.

Mucho se ha discutido de si los seres humanos nacen con paciencia o si es una cualidad que se adquiere con el tiempo. Es posible que algunos seres humanos tengan desde el nacimiento la capacidad de ser tolerantes y pacientes con los demás, sin embargo, en mi propia personal, es una cualidad que fui desarrollando no sin esfuerzo, ya que pasé por situaciones que requerían paciencia y la calma para obtener los resultados y me dió mucho más resultado que el esperar enloquecidamente, porque, en definitiva, al no tener paciencia se pierde la paz interior y eso es lo más importante para conservar.

Si tú eres poco paciente, y tratas de encontrar la forma de alcanzar la calma necesaria para vivir una vida llena de tranquilidad te diré que es una virtud que todos podemos desarrollar. Igual que la disciplina requiere práctica y ejercicio para fortalecerla y obtener su mayor potencial, pero el beneficio de tener tu mente y tus emociones en calma vale el esfuerzo que debas hacer.

En primer lugar, debes ser consciente de que no posees el control absoluto de todo, sino que hay situaciones o personas sobre las que no puedes influir, puede ser que eso te haga sentir frustrado. Es en estos momentos en los que debes ser consciente de qué cosa es la que te hace impaciente, pregúntate por qué no puedes esperar. Tú eres una persona inteligente y sabes que algunas cosas llevan tiempo, en algunos casos deberás depender de otros que puedan atender tus requerimientos. Aprender a relajarte y tomarte tiempo para llevar a cabo cada tarea, no significa que tus objetivos se retrasarán indefinidamente, simplemente llevarán unos días más, en esos momentos mantente ocupado, despeja tu mente de la ansiedad que te provoca el retraso, puedes adelantar algunos de los pasos establecidos en tu plan de estrategias para lograr las metas. Como dijo Buda "lo único seguro en el Universo es que nada es seguro", siempre pueden presentarse momentos en los que debas poner en práctica tu paciencia.

Seguramente en otras oportunidades has tenido que sacar a relucir esta virtud, busca en tu memoria como actuaste en esos momentos, que te impulsó a buscar paciencia, que actitud tomaste y compara esa experiencia con el momento actual. Una actitud positiva puede ayudarte a llegar a tus metas, ya que una buena predisposición te ayudará a enfocar esos retrasos desde un punto de vista más calmado y te permitirá controlar completamente tu mundo emocional, evitando caer en la desesperación y los nervios, que si lo piensas bien no te sirven de nada, salvo para hacerte sentir peor.

Confía en que estás actuando de la mejor manera posible y si te mantienes consciente, sin desesperación y tu visión de las circunstancias será mucho más positiva y llevadera, además de que no te permitirá ni rendirte ni caer en un estado emocional malo. Lo importante es que puedas controlar tus impulsos, no te desanimes y puedas sacar a relucir la calma que necesitas, porque hay cosas que están fuera de tu control y que necesitan tiempo. Por lo que puedes tomar este retraso como una oportunidad de aprender a ser más paciente con todo lo que se presente. Haz varias meditaciones cortas que te ayuden a enfocarte en la paz interna, en la calma que necesitas desarrollar para guiarte de la mejor manera y actuar sin actitudes agresivas por tener que esperar algo.

La intima satisfacción que sentirás al darte cuenta que estás dominando el arte del autodominio eleva tu autoestima y te hace notar que eres capaz de muchas más cosas de las que imaginabas. Puedes soportar sin alterarte, sabes perseverar el tiempo que sea necesario para obtener algo y descubrirás que eres dueño de la serenidad y el autocontrol que se requiera poner en práctica cuando sea oportuno.

Vivir con paciencia, en las que las situaciones adversas no socaven tu personalidad desarrolla tu claridad de pensamiento y hacer crecer el dominio de tus emociones. La madurez que simboliza el ser dueño de esta virtud te permitirá llevar con calma todo lo que debas enfrentar en tu vida de una forma armónica y optimista.

Tener paciencia no tiene nada que ver con la indiferencia o la pasividad, sino que está relacionada con tu propio control, con la virtud de ser calmado contigo mismo y con los demás. Cuando logras tener paciencia con los demás, valoras no solo sus defectos sino también aprendes a valorar sus cualidades que son las que te impulsa a tenerles paciencia. A lo largo de tu vida la paciencia jugará un papel muy importante ya que no solo se puede referir a situaciones especiales como es el logro de tu éxito, sino que tal vez debas ponerla en práctica en situaciones de salud, dolores físicos, falta de comunicación con otros u olvidos ocasionales que pueden pasarle a cualquiera, pero la paciencia te aportará la tranquilidad requerida, la paz interior en la que prevalecerá la tolerancia y el respeto. Cuando ejerces paciencia eres consiente de tu capacidad de controlar tu ira y los malestares, aprendes que puedes responder sin exageraciones o sobresaltos, que cuando estés solo te pueden hacer sentir avergonzado de tomar esa actitud.

La paciencia es una parte muy importante de las relaciones interpersonales, ya sea entre padre e hijos, en la pareja, entre amigos o entre compañeros de trabajo. Al trabajar la paciencia y desarrollar al mismo tiempo la tolerancia, tu relación de pareja será más armoniosa y las dificultades podrán sortearse más fácilmente. No siempre se ejerce paciencia en situaciones importantes o comprometidas. Sin embargo, la paciencia no tiene por qué ser indefinida, debe haber equilibrio entre paciencia, tolerancia, justicia y segundas oportunidades, pero no confundas la paciencia con soportar situaciones estresantes que se presentan demasiado seguido con las mismas personas, en esos casos ya debes plantearte si esa relación es saludable para ti.

La paciencia bien implementada ayuda a adquirir otras virtudes que son valiosas en el día a día, en la obtención de las metas establecidas como deseadas. Templa el carácter y da fuerzas para enfrentar situaciones inesperadas. Es la virtud humana que hace que seas tolerante, puedas esperar, te enseña a comprender a los demás y a ti mismo. Desarrollarla será de gran ayuda en tu vida y un aliciente para todos en tu entorno.

CONCLUSIONES:

El desarrollo personal para emprender el cumplimiento de nuestras metas en realidad se refiere a actualizar y poner en funcionamiento todas las cualidades que poseemos ya sea físicas, psicológicas, espirituales o emocionales y todos podemos lograrlo sin tener en cuenta la edad. Mediante el crecimiento personal la persona aprende a adquirir y poner en práctica la consciencia de sí misma y aprovechar al máximo todas sus cualidades, virtudes y habilidades personales.

Cuando una persona se siente tranquila consigo misma lo más seguro es que también se sienta bien con su entorno ya sea laboral como personal o con la naturaleza. Esta experiencia de poner en práctica distintas técnicas para que cada persona se encamine al éxito desarrollando sus destrezas, obteniendo mejores actitudes en sus relaciones interpersonales y con el planeta, amplía es espectro de las decisiones que tomará para llegar a los objetivos que se ha propuesto como más valiosos y se sentirá completo, íntegro y lleno de valor que hasta ahora no sabía que poseía.

Reconocer al Yo interno y permitirle crecer le aporta estabilidad emocional, mejora sus actitudes frente a las situaciones que se presenten y al mismo tiempo crea un entorno que le sea favorable, lleno de respeto y crecimiento constante. Esta experiencia eleva la autoestima, permitiendo que crea en sí misma y sus capacidades.

Emprender la transformación interna es un cambio que sólo puede hacer cada uno de manera personal. Transformar la vida no es algo sencillo y requerirá cambiar algunos hábitos muy asentados en la personalidad, pero todos estos cambios tendrán el apoyo de las cualidades y virtudes que cada uno posee, como la disciplina, la voluntad, la determinación de llegar a cambiar su vida.

Aprender diversas técnicas que nos permitirán mejorar los aspectos que nos están deteniendo, aprender a dirigir nuestros pensamientos en lugar de dejarlos que vayan a la deriva, nos proporciona la guía perfecta para el cumplimiento de nuestros objetivos.

Cuando se trata de cumplir las metas que cada uno nos fijamos, debemos despertar la consciencia y sacar a la luz las habilidades que nos llevarán al éxito. Cuando decidimos cambiar nuestras vidas, no solo lo encararemos desde el aspecto físico sino que también nos enfocaremos en nuestra alma, porque en definitiva somos nosotros mismos los que debemos tomar la decisión de cambiar para dirigirnos al logro que deseamos, para ello debemos mantenernos en un desarrollo contínuo, aprender a gestionar nuestras emociones e implantar hábitos más sanos que serán de mucha ayuda para lograr el crecimiento personal.

Incorporar a nuestras actividades la meditación como forma de entrar en el autoconocimiento completo del Ser interno y al mismo tiempo ser asertivos para percibir lo que debemos cambiar para beneficio propio. Emprender nuevas actividades y dejar de escuchar lo que dicen los extraños centrándonos en nuestro espíritu permitirá transformarnos de forma integral para llegar a obtener los cambios que necesitamos.

No olvidemos que el planeta se encuentra en plena evolución, y como formamos parte de él también nosotros estamos evolucionando. Emprender el camino hacia este cambio de paradigma en nuestras vidas no tiene edad, todos podemos hacerlo, solo necesitamos decidirnos a cambiar lo que debe ser puesto en orden ahora, un buen crecimiento personal en muchos casos implicará salir de la zona de confort en la que nos hemos colocado hace años, pero con tranquilidad y decididos a cambiar, podemos lograrlo.

No olvidemos que, desde nuestro nacimiento, todo por lo que atravesamos representa un aprendizaje y debemos sacar partido de cada situación vivida para aprender y fortalecernos cada vez más.

Desarrollar la auto excelencia logrando que cada persona avance paso a paso en su propio crecimiento, desarrollando cada aspecto de su vida, es lo que le permitirá demostrar su máximo potencial.

Y hará su aparición la auto eficiencia, porque descubre que posee las aptitudes y habilidades necesarias para llegar a sus metas de la forma más adecuada para cada uno. La confianza y la seguridad en sí mismos, aumentará y será claro que obtener el éxito es sólo una cuestión de proponérselo.

ACERCA DEL AUTOR

Horacio Pelozo es una persona emprendedora, que como todos ha cometido errores. Eso lo impulsó a enfocarse en su superación personal, yendo a seminarios, haciendo cursos con grandes mentores, leyendo libros superación personal, mindfulness, meditación y otros orientados a sus metas como el hombre más rico de Babilonia, Padre rico Padre pobre, Piense y hágase rico, secretos de la mente millonaria, Metas de Brian Tracy, entre otras grandes obras literarias. Su autoconocimiento se amplió y le permitió lograr las metas personales y financieras que se había fijado. Deseando compartir con todos estos conocimientos adquiridos decidió escribir este libro para llevar esta oportunidad de crecimiento a todos los que estén interesados en transformar sus vidas.